L'IMAGINATION

Source d'irréel et d'irrationnel
Puissance créative

Guy LAZORTHES

Professeur d'Anatomie et de Chirurgie du Système Nerveux
Membre de l'Institut : Académie des sciences
Membre de l'Académie nationale de médecine

Dans la collection « *Culture et histoire* »

L'esprit des Lumières et leur destin,
Bernard LAURENT,
112 pages, 1996.

Grands courants artistiques et esthétiques depuis la Renaissance,
José LAVAUD,
160 pages, 1996.

Les apports du judaïsme, du christianisme et de l'islam
à la pensée occidentale,
André BORRELY, Jean-Michel CROS, Pierre MURAT,
sous la coordination de Jean PICANO,
160 pages, 1996.

L'essor technologique et l'idée de progrès,
Sylvie LELIÈPVRE-BOTTON,
128 pages, 1997.

Sciences exactes et sciences de l'homme : les grandes étapes,
Daniel PARROCHIA,
128 pages, 1997.

L'héritage de la pensée grecque et latine,
Pierre AUREGAN, Guy PALAYRET,
160 pages, 1997.

La société, le droit et l'État moderne,
Guy PALAYRET,
112 pages, 1998.

Les figures du moi et la question du sujet depuis la Renaissance,
Pierre AUREGAN,
160 pages, 1998.

ISBN 2-7298-5894-6

© ellipses / édition marketing S.A., 1999
32 rue Bargue, Paris (15e).

La loi du 11 mars 1957 n'autorisant aux termes des alinéas 2 et 3 de l'Article 41, d'une part, que les « copies ou reproductions strictement réservées à l'usage privé du copiste et non destinées à une utilisation collective », et d'autre part, que les analyses et les courtes citations dans un but d'exemple et d'illustration, « toute représentation ou reproduction intégrale, ou partielle, faite sans le consentement de l'auteur ou de ses ayants droit ou ayants cause, est illicite ». (Alinéa 1er de l'Article 40).
Cette représentation ou reproduction, par quelque procédé que ce soit, sans autorisation de l'éditeur ou du Centre français d'Exploitation du Droit de Copie (3, rue Hautefeuille, 75006 Paris), constituerait donc une contrefaçon sanctionnée par les Articles 425 et suivants du Code pénal.

TABLE DES MATIÈRES

PROLOGUE 5

Première partie
L'IMAGINATION DANS L'HISTOIRE CULTURELLE 9
    I. L'ANTIQUITÉ 10
    II. LE MOYEN ÂGE 13
    III. LES XVe ET XVIe SIÈCLES 13
    IV. LE XVIIe SIÈCLE 14
    V. LE XVIIIe SIÈCLE 17
    VI. LE XIXe SIÈCLE 18
    VII. LE XXe SIÈCLE 21

Deuxième partie
L'IMAGINATION SOURCE D'IRRÉEL ET D'IRRATIONNEL 23
    I. LES SONGES ET LES MENSONGES 25
        1. Les songes 25
        2. Le mensonge 25
        3. Les témoignages 26
        4. Les préjugés 26
        5. La vérité aux malades 27
        6. La rumeur 27
        7. L'imagination infantile 28
        8. Les légendes 28
        9. L'idéalisme 28
        10. La presse 29
    II. LES MYTHES ET LES MYTHOLOGIES 29
        1. Les petites mythologies 30
        2. Les grandes mythologies 31
        3. Les mythes sacrés des monothéismes 33
        4. Les mythes laïcs et politiques 34
    III. LA MAGIE ET LES SCIENCES OCCULTES 35
        1. L'émission et la captation des fluides 35
            1) La télépathie 36
            2) Le magnétisme - L'hypnotisme 38
            3) La télékinésie ou psychokinésie 40
            4) La radiesthésie 42
        2. Les guérisseurs 43
            1) Pourquoi y a-t-il autant de guérisseurs ? 44
            2) La classification des guérisseurs 44
        3. La divination et les superstitions 47
            1) La clairvoyance 48
            2) L'oniromancie 50
            3) L'astrologie 51
            4) Les superstitions 55

  5) La magie des nombres 56
  6) Les animaux mythiques 57
 4. Les relations avec l'au-delà temporel et spatial 58
  1) Le spiritisme 58
  2) L'extase - La possession diabolique 60
  3) Les sectes 62
  4) Les extraterrestres 64
Conclusion 66

Troisième partie
L'IMAGINATION PUISSANCE CRÉATRICE 71

 I. LA CRÉATIVITÉ 72
  1. La créativité, faculté essentiellement humaine 72
  2. Y a-t-il un âge pour la créativité ? 73
  3. Le rôle de l'imagination dans la création 75
  4. L'art et la science 79
 II. L'ŒUVRE LITTÉRAIRE 83
  1. La poésie 83
  2. Le conte, la fable, la nouvelle 84
  3. Le roman 85
  4. L'histoire 87
  5. La science-fiction 87
 III. L'ŒUVRE ARTISTIQUE 89
  1. La peinture et la sculpture 89
  2. L'architecture 93
  3. La musique 94
 IV. L'ŒUVRE SCIENTIFIQUE 95
  1. La méthodologie scientifique 95
  2. La vérité scientifique ? 99
  3. Les précurseurs 100

Quatrième partie
L'IMAGINATION ET LES INFINIS 107

 I. L'INFINI DE L'ESPACE 110
  1. L'infiniment grand 111
  2. L'infiniment petit 112
 II. L'INFINI DU TEMPS 113
  1. Le temps biologique 113
  2. Le temps psychologique 115
  3. Le temps cosmique 116
  4. Le temps atomique 117
  5. L'irréversibilité du temps 118
 III. L'INFINI DES NOMBRES 119
 ÉPILOGUE 123

PROLOGUE

L'IMAGINATION
SOURCE D'IRRÉEL ET D'IRRATIONNEL – PUISSANCE CRÉATRICE

Notre esprit est sous-tendu par deux facultés principales : la raison et l'imagination, couple contrasté dont les deux conjoints sont plus complémentaires qu'antagonistes. L'imagination est la pire et la meilleure de nos facultés. Elle est exposée aux critiques. Pascal la qualifia de « maîtresse d'erreur et de fausseté ». Malebranche l'appela « la folle du logis ». Elle égare souvent l'esprit vers des ruptures avec le réel, des pensées irrationnelles, des fantasmes chimériques, et parfois des erreurs. Elle prend par contre une grande part dans tout renouvellement du savoir, dans tout progrès scientifique et invention technologique, dans toute création littéraire ou artistique ; elle est alors « la reine des facultés » (Baudelaire).

Pendant des siècles, l'Homme n'a disposé que des informations incomplètes et approximatives fournies par ses sens ; son esprit n'était armé ni du savoir par la suite engrangé, ni des appareils d'exploration et de calculs actuels ; ses idées étaient essentiellement imaginatives, mythiques et métaphysiques. Au XVIIe siècle, Blaise Pascal, effrayé par « le silence éternel des espaces infinis », se fiant à l'Ancien Testament, supposa que la Terre et l'Homme avaient été créés vers 4 000 ans avant Jésus-Christ, évaluation qui donnait satisfaction à tous ceux qui étaient alors instruits, Buffon le premier... !

L'esprit du nouveau-né s'éveille et prend conscience du soi et du non-soi ; l'imagination plus que la raison joue le rôle principal, elle est une particularité propre à l'Homme ; l'animal n'en dispose pas. Cette supériorité du cerveau humain résulte pas de son poids, bien qu'il ait presque triplé de l'être préhumain à l'Homme, de l'Australopithèque à l'Homo Sapiens, passant de 500 g à 1400 en 2,5 millions d'années environ alors qu'il avait fallu des centaines de millions d'années pour qu'il existe. Ce poids est atteint par certains animaux (dauphin) et dépassé par d'autres (éléphant : 3 kg, baleine : 6 kg). Le poids relatif du cerveau calculé par rapport au poids du corps, soit chez l'homme 1/50 (1,4 kg pour 75 kg), a plus de signification ; celui du singe anthropoïde le plus proche de nous, le gorille est 1/200, celui de l'éléphant 1/400, celui de la baleine 1/1 000 — la supériorité du cerveau de l'Homme ne tient pas non plus à des formations que seul il posséderait ; il a les mêmes structures : neurones, noyaux centraux, écorce, substance blanche, que ceux des Vertébrés supérieurs. Il est régi par les mêmes mécanismes. Sa supériorité tient essentiellement à l'étendue plus grande de l'écorce cérébrale, surtout celle qui n'est pas spécialisée, c'est-à-dire qui n'est ni sensorielle, ni motrice, mais qui est génératrice des facultés mentales propres à l'Homme parmi lesquelles l'imagination.

Le paradoxe est que, ne connaissant pas encore tous les rouages du cerveau, ne sachant pas comment est générée la pensée, comment est engrangée la mémoire, nous soyons parfaitement capables d'endoctriner le psychisme, de modeler la rationalité, d'influencer l'affectivité et d'orienter l'imagination[1].

---

1. G. Lazorthes, *Le Cerveau et l'Esprit. Complexité. Malléabilité.* Flammarion, 1984, (2e édition).

On a pu exprimer la crainte que le cerveau manipulé ne soit réduit à des automatismes programmés sociaux ou politiques, qu'il ne perde sa liberté, son autonomie et sa responsabilité dans le temps, où une de ses créations, l'ordinateur, construit à son imitation, le dépasserait dans les calculs, le talonnerait dans le raisonnement, l'invention et la création ! Les robots de troisième génération sont dotés de capteurs mais aussi de capacités de perception, de communication et d'action qui ne cessent d'augmenter. Quels que puissent être la puissance de leurs structures et de leurs performances[1], leur infériorité irrémédiable persistera car ils n'auront jamais d'imagination.

La pensée humaine est dans le prolongement de la pensée animale. Aristote a déclaré « L'homme est un animal raisonnable ». Elle diffère par le fait que l'Homme vit non seulement dans le présent mais aussi dans le passé et dans le futur ; il observe, raisonne, imagine, se souvient, prévoit... Il laisse un sillon derrière lui et le trace aussi par avance dans le futur. De plus, il ne se satisfait pas du simple aspect des choses et des faits ; il en cherche le pourquoi et avec plus de succès le comment ; il tente de répondre aux questions angoissantes posées par l'Univers, par la Vie et par lui-même. Les réponses formulées naissent de sa raison et plus encore de son imagination.

La Raison « évoque à la fois un idéal, une attitude, une méthode » (G.-G. Granger[2]). Elle était présente dans l'esprit de l'homo habilis lorsqu'il y a plus de deux millions d'années il fabriqua un outil, critère de sa séparation d'avec l'animalité d'où il sortait et preuve de son « aptitude à calculer » (signification du latin *ratio* d'où vient le mot raison). Renan a donc tort de dire que les philosophes grecs ont « inventé la raison ».

Ils ont été les premiers à pratiquer non la raison, mais la pensée rationnelle, la rationalité, pour expliquer l'Homme et l'Univers.

L'homme aborde les phénomènes, les choses et les êtres qui l'entourent et tente de leur trouver cause, explication et finalité par le raisonnement et les déductions logiques qui en découlent. La rationalité intervient dans la distinction du Bien et du Mal, du Vrai et du Faux, et même du Beau et du Laid. Elle joue un rôle essentiel dans la morale, dans la science, dans la philosophie et dans l'art. Elle intervient même dans la croyance en Dieu[3].

Le raisonnement repose sur des informations exactes et complètes, c'est-à-dire conformes à la réalité. Or les phénomènes, choses et êtres, ne sont jamais aussi simples que nous les percevons. Le Monde n'est probablement pas tel que nous nous le représentons. Parmi les stimulations de toutes natures : mécaniques, thermiques, chimiques, ondulatoire... certaines sont latoires... certaines sont captées par nos organes sensoriels. D'autres nous sont inconnues parce que nous ne sommes pas pourvus de l'organe capable de les saisir et de les enregistrer. D'autres encore, ignorées par nous, ne le sont pas par certains animaux ; les capacités sensorielles varient d'une espèce à l'autre. D'autres enfin sont insaisissables. Une réalité existera toujours au-delà et hors de notre perception[4]. Nos appareils sensoriels fournissent en effet une connaissance partielle, incomplète, et non une vue d'ensemble. La métaphore indienne rappelée par Christian Chabanis[5] vient à l'esprit : « Des aveugles tâtonnent un éléphant ; l'un touche la trompe, l'autre la patte, l'autre un œil... Quand on leur demande de dire la vérité,

---

1. G. Lazorthes, *Le Cerveau et l'Ordinateur. Étude comparée des structures et des performances*, Privat, 1988.
2. Gilles-Gaston Granger, *La Raison,* coll. « Que sais-je », PUF, 7e éd., 1979.
3. G. Lazorthes, *Croyance et Raison*, Bayard Presse, Le Centurion, 1990.
4. G. Lazorthes, *L'Ouvrage des sens... fenêtres étroites sur le réel*, Flammarion, 1986.
5. Ch. Chabanis, *A ceux qui ne croient plus en rien ni en personne*, Fayard, 1985.

le premier répond une trompe, le second une patte, le troisième un œil. À chacun sa vérité, quand personne ne voit l'ensemble et ne peut reconnaître le tout, dans le cas particulier, l'éléphant ». « Pour être bien connues, les choses doivent être connues en détail, et, comme les détails sont presque infinis, notre connaissance est toujours superficielle et imparfaite » (La Rochefoucauld[1]). « Notre faculté de connaître par les sens est limitée » (E. Kant[2]). Le Monde paraîtrait en effet chaos d'images informes, sans signification, et parfois trompeuses, si les données sensibles n'étaient pas une fois perçues, soumises au savoir et au raisonnement prolongé par l'imagination... Les étoiles seraient des points lumineux et non des soleils... Le soleil paraîtrait tourner autour de la Terre, alors que c'est l'inverse... Le navigateur serait trompé par ses sens s'il ne s'orientait pas grâce à des calculs et des appareils... Un bâton droit plongé dans l'eau paraît courbé. Si l'on ne sait pas que c'est une illusion d'optique due à la réfraction des rayons lumineux qui passent d'un milieu dans un autre (de l'air dans l'eau). « Quand l'eau courbe un bâton, la raison le redresse » (Jean de la Fontaine[3]).

La pensée rationnelle, le raisonnement, le savoir accumulé ne comblent pas notre ignorance. Nous n'atteignons que des domaines strictement limités. L'interrogation fondamentale qui anime notre esprit face à l'inconnu fait apparaître de grands vides. Il nous est impossible de concevoir l'Univers avec des frontières et pourtant notre esprit est inapte à penser l'infini. Il en va de même pour le temps. Par sa nature, la raison ne peut échapper aux questions : Origine, Limites du monde, existence d'un Être suprême... Par sa nature elle ne peut y répondre car elles dépassent son pouvoir[4]. On est conduit à faire appel à l'imagination.

L'imagination[5] a le pouvoir de dépasser ce qui est perçu. Grâce à elle, les mondes clos sont transgressés, le visible est outrepassé ; elle est à l'origine d'hypothèses et d'inventions concernant des idées, des personnages, des situations qui n'existent pas ou n'ont jamais existé ; elle retrouve le passé et joue un rôle dans la représentation de choses, de faits vus et retenus qu'on n'a plus sous les yeux ; elle intervient dans le présent ; elle projette dans le futur. Associée à l'ignorance, elle progresse souvent dans l'irrationalité, la fantaisie, les mythomanies, les extravagances ; aux extrêmes, elle est source d'illusions, de perceptions fausses, de jugements erronés et accompagne la folie. Associée à l'exercice de la raison, elle est puissance créatrice, et parfois une des composantes du génie. Les artistes, les écrivains, les savants font souvent appel à elle. On peut craindre, avec Pascal et Malebranche que, par la séduction qu'elle exerce par ses images, elle n'entraîne dans un monde irréel. Mais on doit aussi être d'accord avec ceux qui d'Aristote à Kant, revendiquent ses droits et exaltent son rôle créateur. Elle est parfois diabolique, d'autres fois divine. C'est un malheur d'en avoir trop ; c'est un malheur de ne pas en avoir. Dire de quelqu'un « il a de l'imagination » est aussi souvent critique que flatteur.

L'imaginaire est un monde qui n'existe que dans notre imagination. C'est le vaste domaine qu'elle explore et exploite. Il est la représentation de ce qui est étranger au réel, de ce qui n'existe pas dans la réalité. Il relève de la fiction, de l'utopie, de l'illusion, tels « Le malade imaginaire » de Molière... les personnages

---

1. F. La Rochefoucauld, *Sentences et Maximes morales*, 1665.
2. E. Kant, *Critique de la raison pure*, 1781.
3. J. de la Fontaine, *Un animal dans la lune*, Fables, Livre VII, Fable XVIII.
4. E. Kant, *Critique de la raison pure*, 1781.
5. L'imagination, de même étymologie que image (le latin *imago*). Image est la ressemblance à un original, la copie : portrait, photographie, dessin, ou au figuré un schéma abstrait conceptuel, symbole d'une idée.

imaginaires de Don Quichotte et Sancho Pança... *Le Musée imaginaire* d'André Malraux. La rêverie, le rêve, le souvenir, l'hallucination[1] appartiennent, partie ou entier, au domaine de l'imaginaire... J.-P. Sartre (1905-1980) rappelle que le philosophe classique fait de l'image une chose située dans la conscience, dotée d'une réalité moindre que l'objet lui-même[2]. L'objet imaginaire est posé comme un objet réel, cela ne signifie pas nécessairement qu'il soit faux[3]. Ce qui est imaginaire peut devenir rationnel et ce qui est rationnel peut devenir imaginaire dans un autre cadre, à une autre époque, en astrophysique et en physique quantique par exemple.

Dans la recherche du « pourquoi », l'imagination a précédé le raisonnement. Pendant la longue préhistoire et pendant une grande partie de l'histoire, plus que du raisonnement, les interprétations, les explications naquirent de l'imagination stimulée par l'ignorance et par la peur. Face aux phénomènes qui le terrifiaient et à la différence de l'animal, l'homme chercha les causes et les personnifia. Tempête, ouragan, tremblement de terre, maladie, mort... étaient les manifestations de forces mystérieuses exercées par des dieux. La prodigieuse imagination, par la suite, a continué à suppléer à l'impuissance des opérations rationnelles à faire toute la lumière.

Un des thèmes de réflexion des philosophes et des physiciens est que la Science n'a construit que des approximations de la Réalité, et qu'il faut même abandonner l'idée de pouvoir l'atteindre un jour... Ce constat ne signifie pas que l'on ne s'en approche pas chaque jour davantage. L'information exacte, la connaissance assurée, le raisonnement rigoureux, juste et cohérent, ne suffisent pas toujours pour avancer ; tout ce qui a été découvert ou inventé a généralement d'abord été imaginé. L'Imagination a souvent précédé la Raison.

L'imagination est une faculté commune à tous les hommes ; ils en sont doués de manière variable suivant l'âge, les époques et les races. Celle des enfants est particulièrement vive. Les méditerranéens auraient plus d'imagination que les nordiques... ? Des tests prétendent mesurer l'intelligence, il n'en existe pas pour apprécier la capacité d'imagination...

L'animal et le robot se moquent du pourquoi et du comment, de la métaphysique comme de la physique. L'Homme, au contraire, raisonne et imagine les origines, les causes et le devenir. On appelle volontiers suprarationnelle[4] l'opération mentale qui, portée par une imagination rationnelle, se situe au-delà du savoir et du simple raisonnement, formule des hypothèses et établit des programmes.

Nous envisagerons successivement : I. L'imagination dans le cours de l'histoire culturelle. II. L'imagination, source d'irréel et d'irrationnel. III. L'imagination, puissance créatrice dans les œuvres des écrivains, des artistes, des savants. IV. L'imagination dans l'abord de l'infiniment grand, de l'infiniment petit et de l'infiniment complexe.

---

1. G. Lazorthes, *Les Hallucinations, Les Hallucinés célèbres*, Prix la Bruyère, Académie Française, Masson, 1996.
2. J.-P. Sartre, *L'Imagination*, 1936. *L'Imaginaire*, 1940.
3. Jean E. Charon, *Imaginaire et Réalité*, colloque de Washington. Albin Michel, 1985.
4. Le préfixe « sur » signifie dessus (surrénal), au-delà (surréel) ou en excès (suralimentation). Le préfixe supra maximise plus encore : suprarationnel = au-dessus du rationnel, ce qui ne signifie pas irrationnel.

Première partie

L'imagination dans l'histoire culturelle

> « La passion vole, l'imagination court, la raison marche ; quoi de plus étonnant qu'elle arrive toujours en retard »
>
> Albert Samain

Dans l'histoire culturelle, scientifique, artistique ou littéraire, l'association des deux facultés contrastées de notre esprit : la raison et l'imagination, a été le plus souvent féconde malgré leur antagonisme fréquent.

Dès son émergence de l'animalité, l'Homme s'est vraisemblablement posé des questions au sujet de sa place dans le monde : est-elle le fruit du hasard ou représente-t-elle une finalité ? Quelle est l'explication des phénomènes observés ? Il a mis en œuvre son imagination plus que sa raison pour élaborer des réponses tout d'abord au « pourquoi » et ensuite au « comment »... Face aux situations dangereuses, sa peur a imaginé des dieux *Primus in orbe deos fecit timor*. Dans toutes les croyances, toutes les sectes, toutes les superstitions, on le découvre exprimé : l'animisme attribue des esprits aux éléments naturels et aux animaux, le totémisme vénère un animal considéré comme le protecteur d'un clan, le chamanisme est caractérisé par le culte de la nature et la croyance aux esprits, les polythéismes ont construit des mythologies composées de nombreuses divinités, les monothéismes reposent sur des paroles inspirées par Dieu et des scènes interprétées et enjolivées. L'imagination a joué dans la représentation de l'au-delà, mais aussi dans les écrits sacrés. Les auteurs ont longuement mis leur imagination au service de leur foi. Les « fidèles » débitent des séquences idéalisées et ne se rendent plus compte des contre-vérités qu'ils énoncent. L'imagination prisonnière de la passion et du fanatisme ne retient que les faits favorables. Le rationnel est exclu.

I - L'ANTIQUITÉ

Il y a 7 à 6 000 ans, l'Homme est sorti de la préhistoire. Il construisit des cités le long des fleuves : Tigre, Euphrate (Mésopotamie), Nil (Égypte), Indus (Indes), Fleuve Jaune (Chine) ou sur le bord de la mer (Grèce). Petites communautés par rapport à l'humanité qui peuplait déjà la planète.

– Dès la plus Haute Antiquité, l'Homme imagina l'intervention de forces supérieures n'obéissant pas aux règles communes : dieux, génies, fées, démons. Chacun des quatre éléments de la matière eut ses représentants miraculeux : sylphides pour l'air, ondines pour l'eau, gnomes pour la terre, salamandres pour le feu. Il se libéra de ses passions, de ses pulsions, de ses peurs, en créant des mythologies complexes nées de son imagination foisonnante : chimères, centaures, sirènes... Prométhée représentait face à Zeus le savoir opposé au pouvoir, le rationnel opposé à l'irrationnel. La raison intervenait très peu. Aux phénomènes et aux choses, étaient données des explications irrationnelles inspirées par la magie, l'alchimie et l'astrologie. Au IIIe millénaire av. J.-C., l'épopée de Gilgamesh, roi de Mésopotamie divinisé[1], les légendes sumériennes et les premières écritures. Au VIIIe siècle av. J.-C., la victoire de la Sagesse et de la Raison sur la sottise et sur la passion brutale, les aventures d'Achille et d'Ulysse racontées par Homère dans l'*Iliade* et l'*Odyssée* ; la déesse Athéna,

---

1. J. Bottero, *L'Épopée de Gilgamesh, L'Aube des peuples*, Gallimard, 1992.

figure allégorique de la Raison, armée et casquée, dominait un lion, emblème des passions, et avait derrière elle un olivier, symbole de la paix. Les mythes homériques restèrent longtemps dans les esprits et les écrits.

– Dans l'Antiquité gréco-romaine (du VIe siècle av. J.-C. au Ve siècle ap. J.-C.) fait remarquable, les fondements spirituels de l'humanité furent posés, simultanément, aux VIe et Ve siècles av. J.-C., mais de façon absolument indépendante, en différents points de la planète. En Chine : Confucius et Lao-Tseu. Aux Indes : Bouddha. En Perse : Zarathoustra. En Palestine : les prophètes Élie, Ésaie, Jérémie. En Grèce : les philosophes[1].

Les philosophes dits présocratiques furent les premiers, au VIe siècle av. J.-C., à passer de l'approche purement imaginative et magique de la nature à la pensée rationnelle. On les appelle aussi « philosophes de la nature » parce qu'ils s'attachèrent avant tout aux phénomènes naturels. D'après eux, des lois président aux phénomènes de la nature, le hasard et le surnaturel ne sont pas des explications. Les actions humaines doivent et peuvent être rationnelles dans leur principe et dans leur finalité.

La naissance de la pensée rationnelle en Grèce fut certainement favorisée par l'organisation politique en cité et par l'éthique démocratique. Les régimes autocratiques, dominés par un roi ou par un tyran tout-puissant, n'autorisent pas la discussion ; il arrive que l'autorité prévale sur la vérité. Les démocraties, au contraire, permettent la discussion libre et publique qui révèle les compétences. Les mots grecs *demos* et *kratein* signifient respectivement « peuple » et « commander ». La démocratie qui fut donc originellement le gouvernement par le peuple s'est depuis enrichie d'une multitude de nuances et de variantes : un épithète en précise le sens : démocratie athénienne, démocratie représentative, démocratie libérale, démocratie sociale…

Vers Athènes, affluèrent les artistes et les penseurs du monde méditerranéen[2]. En Ionie[3], vivaient dans le port de Milet : Thalès (625-565), Anaximandre (610-547), Anaximène (550-480) ; dans le port d'Éphèse : Héraclite (576-480) ; dans Élée[4] était Parménide (515-480). Intéressés par les astres, les nombres et les figures, l'alphabet, les techniques, ils conçurent des cosmologies où le principe de toute chose est matériel. Héraclite proposa comme sujet de méditation le changement universel (« On ne se baigne pas deux fois dans le même fleuve »). Parménide déclara que rien ne naît de rien ; tout ce qui existe a toujours existé… Les sens perçoivent des changements mais ils donnent une fausse image. L'interprétation des phénomènes continua toutefois à émaner de l'imagination plus que de la raison. Le monde restait plein de dieux… L'oracle de Delphes était consulté : Apollon était le Dieu de l'oracle ; des prêtres officiaient ; la Pythie répondait aux questions.

Au Ve siècle, dit siècle de Périclès (495-429), ceux que les Grecs appelèrent les *sophoi*, les sages : Socrate, Platon et Aristote, comme les philosophes de la nature critiquèrent les mythes et par là l'œuvre de l'imagination ; ils s'efforcèrent de remplacer les dieux aux pouvoirs suprêmes par des principes et des connaissances rationnelles.

---

1. Philosopher (« aimer la sagesse » au sens étymologique) signifie non seulement être sage et dominer ses passions mais aussi observer le monde pour y chercher la vérité.
2. J. Vollquin, *Les Penseurs grecs avant Socrate. De Thalès de Milet à Prodicos*, Garnier-Flammarion, 1964. P. Thillier, « Les Grecs et la Science », *La Recherche*, n° 108, février 1980.
3. Ionie, partie centrale du littoral d'Asie Mineure, Turquie actuelle.
4. Élée, colonie grecque d'Italie du Sud.

Socrate (470-399) se détourna des spéculations cosmologiques et théologiques et exprima sa foi dans la raison grâce à laquelle la connaissance de soi et le bonheur peuvent être atteints : « Connais-toi toi-même ». Il discutait dans les rues, les gymnases, les banquets... et pratiquait la maïeutique, c'est-à-dire l'art d'accoucher (en grec : *maïeuein*) les esprits en les incitant à prendre conscience de ce qu'ils savent par le dialogue et le jeu serré de questions et réponses.

Platon (427-347) a instauré le primat de la philosophie sur les mythes. Il distingua croire et savoir ; il existe des croyances fausses et des croyances vraies, mais il ne saurait y avoir une science fausse et une science vraie. Les facultés sensorielles varient d'un individu à l'autre mais la raison, le jugement sont toujours les mêmes. Dans l'allégorie de la caverne qui se trouve dans le dialogue intitulé *La République*, il exprima l'idée qu'il y a contraste : ceux qui habitent dans la caverne sont dans l'obscurité, ne voient que les ombres d'une réalité qu'ils ignorent ; s'ils sortent, ils sont éblouis par les formes qu'ils découvrent. Le même contraste existe entre le monde des sens, sombre et triste, et la clarté du monde des idées. Platon insistait là sur le fait que l'homme ne perçoit que des apparences, ce n'est que grâce à la science rationnelle que l'ordre des choses devient intelligible. Dans *Le Timée*, on peut lire qu'il classe le sommeil dans le royaume de l'imagination, car ni le raisonnement, ni la réflexion n'y participent.

À la même époque, vécurent deux génies inspirés par la rationalité : Démocrite (460-370) établit la notion fondamentale de « causalité », c'est-à-dire l'existence de mécanismes rationnels cachés : tout ce qui se produit a une cause. Il faudra attendre deux mille ans pour que Pierre Laplace (1749-1827) donne à ce principe tout son poids. L'imagination de ce même Démocrite atteignit le don de divination lorsqu'il supposa que toute matière est constituée par de minuscules éléments qu'il appela atomes (d'un mot grec qui signifie indivisible). Hippocrate (460-377) est appelé à juste titre « le père de la médecine », parce qu'il la sépara de la mythologie et de la philosophie ; il distingua le prêtre du culte d'Asclepios et le médecin jusque-là confondus, contesta l'interprétation imaginative des maladies et tenta d'exclure de la médecine tout ce qui était magie.

Aristote (384-322), disciple de Platon, fonda en 335 à Athènes une école philosophique nommée le Lycée. Platon mettait au plus haut degré ce que nous pensons avec notre raison. Aristote au contraire pensait que le plus haut degré est ce que nous savons grâce à nos sens. « Rien ne peut exister dans notre conscience qui n'ait été d'abord perçu par nos sens ». L'imagination est distincte à la fois de la sensation et de la pensée bien qu'elle ne puisse exister sans la sensation et que, « sans elle, il n'y ait pas non plus de croyance ». Il écrit : « Toujours le souvenir et l'espoir s'accompagnent d'une imagination de ce dont on se rappelle ou de ce qu'on espère (*La Rhétorique*). Sa théorie du syllogisme et son analyse des différentes parties et formes du discours font de lui le père de l'art de raisonner... À la différence de Platon, il parla de tout, du ciel, de la physique, du vivant..., il était en effet également naturaliste : il ébaucha une classification finaliste des espèces animales : chaque être tend vers la perfection (de forme) ; il y a un ordre hiérarchique des espèces animales jusqu'à l'homme, être de raison... « L'homme est un animal raisonnable ». Il a à la fois une âme de plante (âme végétative), une âme animale (âme sensitive), une âme de raison (intellect).

Avec Alexandre le Grand (356-323), roi de Macédoine, commença une période appelée l'Hellénisme qui dura 300 ans. La culture grecque s'épanouit alors dans trois grands royaumes : Grèce, Syrie, Égypte. À partir de l'année 50, les provinces hellénistiques furent conquises par Rome les unes après les autres.

L'esprit des Romains était plus propre à l'action, à l'administration, qu'à la spéculation philosophique. La rhétorique grecque s'introduisit à Rome ; son influence se retrouva dans l'éloquence politique de Tibère (163-133) et d'Antoine (143-87) et dans le poème *De la nature* de Lucrèce (98-53) qui voulait assurer le bonheur de l'humanité en prêchant le mépris des dogmes : « La crainte des dieux est un poison mortel pour l'esprit humain ».

II - LE MOYEN ÂGE

De la chute de l'Empire Romain (476) au XVe siècle, les références du savoir furent, pendant dix siècles, tout au moins en Occident : la Bible, Aristote et Galien.

La théologie était tellement fondamentale qu'elle déterminait la vie sociale et la morale. La scolastique postulait que, quand l'expérience confirme l'idée, elle est inutile, quand elle la contredit, elle est erronée. La Terre était le centre du Monde ; les lois de la Nature étaient dans les Livres Sacrés ; les bienheureux montaient dans les Cieux, les mauvais damnés étaient poussés dans l'Enfer... L'imagination était considérée tantôt comme un moyen de communiquer avec Dieu, tantôt comme inspirée par des tentations diaboliques. La raison, connaissance purement humaine, était subordonnée, dévalorisée, au profit de la connaissance mystique et le raisonnement avait pour tâche d'accorder l'expérience physique avec la tradition révélée. Certaines choses mystérieuses dépassaient la capacité de la raison humaine, elles étaient saisies par l'intuition simple et par l'imagination. La liturgie utilisait un langage symbolique où l'imagination jouait un grand rôle. Deux excès étaient à éviter : livrer la liturgie à une imagination foisonnante au point de perdre le sens même de l'action ou, au contraire, brimer l'imagination au point d'étouffer la liturgie. Saint Augustin (354-430) distingua avec sagesse les sens qui perçoivent, l'imagination qui représente et la réflexion qui conçoit. « L'imagination doit être contrôlée car elle peut projeter ses fantasmes sur les réalités spirituelles. Il faut être vigilant et critique devant l'imaginaire... Notre imagination peut nous tromper et tromper les autres. L'obsession, la fièvre et l'extase font perdre la faculté de distinguer le réel et l'imaginaire ». Huit siècles plus tard, saint Thomas d'Aquin (1225-1274) déclara : « Deux chemins mènent à Dieu, le premier passe par la révélation et la foi, le second par la raison, mais l'imagination est le meilleur moyen d'atteindre la contemplation de la vérité... »

III - LES XVe ET XVIe SIÈCLES

Ces deux siècles sont caractérisés par le renouveau des connaissances et des façons de les acquérir. Renaissance, pris à la lettre, signifie naître une deuxième fois. L'Homme de la Renaissance s'intéressa à tout ce qui a trait à la vie, à la science, à l'art. L'empirisme, observation de la nature, remplaça le savoir sorti uniquement des vieux parchemins : la rationalité se substitua aux explications imaginées mythologiques ; la causalité physique remplaça progressivement la causalité magique. La boussole, la poudre, l'imprimerie, le télescope, le microscope, établirent les bases d'une nouvelle pensée.

Les progrès furent d'abord l'œuvre de génies solitaires : Nicolas Copernic[1] (1473-1543) osa dire que la Terre fait « révolution » autour du soleil et non l'inverse, ce qui était aller contre les dogmes qui plaçaient, depuis Claude

---

1. N. Copernic, *De revolutionibus orbium celestum*, 1543.

Ptolémée, astronome grec du IIe siècle ap. J.-C., la Terre immobile au centre du monde[1]. C'était aussi aller contre l'enseignement des théologiens.

L'imagination fut mise à l'index. Léonard de Vinci (1452-1519), inventeur génial, rejeta toute vaine spéculation et déclara dans ses « Carnets » que les forces de l'imagination doivent être soumises au test de l'expérience. « Aucune force ne saurait être produite par le mouvement d'esprits imaginaires. Fuis les préceptes de ces spéculateurs dont les arguments ne sont pas confirmés par l'expérience ». Il semble cependant avoir pensé que l'imagination serait capable d'orienter et de retenir les mouvements produits par les sens : « L'idée ou la faculté d'imaginer est à la fois gouvernail et frein des sens, dans la mesure où la chose imaginée émeut le sang. Pré-imaginer, c'est imaginer les choses à venir. Post-imaginer, c'est imaginer les choses passées ».

Les philosophes et savants du XVIe siècle portèrent sur l'imagination un jugement négatif : sa force leur parut nuisible. Montaigne (1533-1592[2]) partit de l'adage latin : *Fortis imaginatio generat casum* (une imagination crée l'événement), pensa que si le peuple croit aux miracles, aux visions, c'est qu'il est victime de son imagination et manque d'esprit critique. Le chirurgie Ambroise Paré (1509-1590[3]) impliqua dans la naissance de monstres l'imagination de la mère frappée par un spectacle impressionnant… ! Bruno Giordano (1548-1600[4]) accorda à l'imagination une faculté synthétique ; elle condamne les sensations reçues et permet d'extrapoler à partir d'elles ; il avança l'idée d'un univers infini qui n'avait pas de centre, ce qui le mena au bûcher.

Les initiateurs du protestantisme, le moine Luther (deuxième décennie du XVIe siècle) et Calvin, jugèrent les manifestations du surnaturel comme des superstitions et l'imagination comme une source d'erreurs. Ils prescrivirent le retour à la Bible et à l'Écriture Sainte et voulurent parler à la raison et non à l'imagination, aux intellectuels et non aux illettrés, aux maîtres et non au peuple.

IV - LE XVIIe SIÈCLE

Les sciences et la philosophie prirent de l'importance et de l'indépendance. Elles furent toutefois encore dans l'obligation de se situer par rapport à la théologie.

Le jugement porté sur l'imagination par les religieux du XVIe et du XVIIe siècle est exposé dans une étude très documentée réalisée par Dom Pierre Miquel[5] : sainte Thérèse d'Avila (1515-1582) est méfiante à l'égard de l'imagination vagabonde et capricieuse. Saint François de Sales (1567-1622) condamne radicalement les représentations imagées de la Trinité. Saint Jean de la Croix (1542-1591) fait une concession aux débutants et aux esprits peu éclairés. Saint Ignace de Loyola (1491-1556) pense que l'imagination est une aide efficace pour évoquer une scène évangélique ou l'au-delà, mais que ce n'est qu'un moyen à dépasser. Saint Vincent de Paul (1576-1660) distingue la théologie qui relève de la raison et la spiritualité qui peut avoir recours à l'imagination. Marie de l'Incarnation (1599-1672) insiste sur la distinction à faire entre les cas où Dieu communique par l'imagination et ceux où l'imagination est une voie d'accès privilégiée pour le démon. Ces attitudes différentes sont moins opposées qu'on

---

1. Aristarque (de Samos), IIIe siècle av. J.-C., avait eu toutefois l'idée que la Terre tourne sur elle-même et en même temps autour du soleil.
2. Michel Eykem, Montaigne, *Essais*, 1580.
3. Ambroise Paré, *Des monstres et des prodiges*, 1573.
4. Bruno Giordano, *De imaginum compositione*, 1580.
5. Dom Pierre Miquel, *Histoire de l'imagination*, Léopard d'or, 1994.

pourrait le croire. Tous les sains reconnaissent le pouvoir de l'imagination, faculté ambiguë dont il revient aux spirituels de faire bon usage. Les réformateurs, Martin Luther (1483-1546), Jean Cauvin dit Calvin (1509-1564), au contraire, réprouveront le recours à l'imagination en théologie.

La science du XVIIe progressa par raisonnement mais aussi par l'imagination et la formulation d'hypothèses. Galilée (1564-1642) confirma la conception de Copernic grâce à une lunette astronomique de sa fabrication ; son œuvre fut mise à l'index et un procès (1633) l'obligea à se dédire. En fait, ce qui fut condamné avec Galilée n'est pas l'hélio-centrisme mais ses attaques contre l'autorité ecclésiastique et le rôle qu'il accordait à la raison. Johan Kepler (1571-1630) démontra au même moment à partir d'une accumulation d'observations, que les planètes tournent autour du soleil sur des orbites elliptiques.

Sur le plan des connaissances médicales, on assista au même éveil de la réflexion et à la même rétorsion barbare. François Bacon (1561-1626), qui enseignait que le cerveau était le centre du système nerveux, contrairement à ce qu'Aristote avait écrit, fut condamné à quatorze années de détention. André Vésale (1514-1564), fondateur de l'Anatomie et critique des idées d'Aristote et de Galien, dut fuir de Padoue. Michel Servet (1509-1553), qui découvrit la petite circulation en observant que le sang rentre noir dans le poumon et ressort rouge à l'encontre de l'hypothèse de pure imagination de Galien (IIe siècle ap. J.-C.) selon laquelle la circulation du sang était comparable aux flux et reflux de la marée, fut brûlé en place de Genève.

Les savants de l'époque assumaient la rationalité mais restaient proches de l'irrationalité. Kepler s'occupait sérieusement d'astrologie et Newton d'alchimie !

Les philosophes du XVIIe siècle et ceux du XVIIIe se méfièrent de l'imagination ; les Français Descartes, Malebranche, Pascal, le Hollandais Spinoza, l'Allemand Liebniz furent des rationalistes invétérés.

R. Descartes (1596-1650) déclara l'imagination mauvaise et trompeuse[1]. Il avait un désir profond de s'en libérer et de libérer les autres de son emprise, comme de la sensibilité, et même de la mémoire, pour penser juste, pour atteindre la vérité. On a coutume de faire remonter au *Discours de la méthode* le commencement d'une ère de la raison. Les règles fondées sur un raisonnement rigoureux sont dites cartésiennes. Sa méthode se pose sur quatre principes : « Le premier est de ne recevoir jamais aucune chose pour vraie que je ne la connusse évidemment être telle... Le second de diviser chacune des difficultés en autant de parcelles qu'il se pourrait et qui serait requis pour les mieux résoudre. Le troisième de conduire par ordre ses pensées en commençant par les objets les plus simples... pour monter peu à peu comme par degrés jusqu'à la connaissance des plus composées... Le dernier, de faire partout des dénombrements si entiers et des revues si générales qu'il fut assuré de ne rien omettre ». Pour lui, « l'homme doit parvenir par la seule raison à une parfaite connaissance de toutes les choses que l'homme peut savoir... » ; il se distingue de l'animal parce qu'il raisonne. *Cogito, ergo sum* exprime le fait que, si l'esprit doute, il n'en est pas moins vrai qu'il est quelque chose puisqu'il pense ; il est au moins « pensée ».

B. de Spinoza (1632-1677), épris de rigueur et d'indépendance, voulut étendre à tous les domaines le modèle mathématique de la connaissance rationnelle, substituant le quantitatif au qualitatif qui lui paraissait relever d'une approche trop influencée par l'imagination, qui intervient de façon trompeuse dans l'inspiration des prophètes et autres écrivains bibliques. « Les prophètes n'ont

---

1. R. Descartes, *Le Discours sur la méthode pour bien conduire sa raison et chercher la vérité dans les sciences,* 1637.

saisi les révélations divines qu'avec le secours de l'imagination, c'est-à-dire par l'intermédiaire de paroles ou d'images tantôt réelles, tantôt purement illusoires[1] ». « À l'exception du Christ, personne n'a jamais reçu de révélation de Dieu sans le secours de l'imagination ». « Plus on a d'imagination, moins on est apte à se servir de son pur intellect ». Dans son ouvrage le plus important, *L'Éthique*, il distingua trois modes de connaissances : la première est l'idée vague des choses, c'est le domaine de l'imagination. Quand je regarde le soleil, ignorant l'astronomie, j'imagine que c'est une petite boule chaude et proche : « idée mutilée et confuse ». Plus tard, je connaîtrai sa distance, sa grandeur... La seconde est la croyance vraie obtenue par le raisonnement. La troisième procure seule la connaissance claire et la satisfaction de l'âme qu'il appelle aussi le salut, la béatitude, l'amour de Dieu.

G. W. Leibniz (1646-1716) a résumé sa philosophie dans l'ouvrage *La Monadologie*[2]. L'essence de l'homme, sa réalité véritable réside dans son esprit qui par raisonnement met en ordre ses pensées. « J'entends par raison, non pas la faculté de raisonner qui peut être bien ou mal employée, mais l'enchaînement des vérités qui ne peut produire que des vérités et une vérité ne saurait être contraire à une autre ». L'ensemble de l'univers est régi par une rationalité : « Il y a une loi universelle de l'ordre général par rapport à laquelle il n'y a ni miracle, ni surnaturel ».

Le conflit entre la raison et les élans de l'âme fut la matière des *Pensées* de Pascal (1623-1662) : « Deux excès : exclure la raison, n'admettre que la raison »... « la dernière démarche de la raison est de reconnaître qu'il y a une infinité de choses qui la surpassent ; elle n'est que faille si elle ne va pas jusqu'à connaître cela... si les choses naturelles la surpassent, que dira-t-on des surnaturelles ? »... « C'est le cœur qui sent Dieu et non la raison »... « Le cœur a ses raisons que la raison ne connaît pas[3] »... Pour Pascal, les trois principes de nos connaissances : les sens, la raison et la foi, ont chacun leurs objets séparés et leur certitude dans cette étendue ». Les yeux sont juges légitimes des faits, la raison des choses intelligibles, la foi des choses surnaturelles. Pascal fixait parfaitement les limites de la raison, et dénonçait les dangers de l'imagination : « C'est cette partie décevante dans l'homme, cette maîtresse d'erreur et de fausseté et d'autant plus fourbe qu'elle ne l'est pas toujours ; car elle serait règle infaillible de vérité, si elle était infaillible de mensonge. Mais étant le plus souvent fausse, elle ne donne aucune marque de sa qualité, marquant du même caractère le vrai et le faux » et plus loin : « Cette superbe puissance, ennemie de la raison, qui se plaît à la contrôler et à la dominer, pour montrer combien elle peut en toutes choses établir dans l'homme une seconde nature » et encore « que l'imagination passe outre, elle se lassera plutôt de concevoir que la nature de fournir ». Blaise Pascal reprend le même thème lorsqu'il compare l'esprit de géométrie dans lequel règne la rigueur scientifique et l'esprit de finesse que dirige la sensibilité, l'intuition et l'imagination.

Nicolas de Malebranche (1638-1715), dans le même sens que Descartes, Spinoza et Liebniz et Pascal, recommanda de se méfier de l'imagination qu'il appela « la folle du logis[4] ». À l'égal de Montaigne, il déplora l'effet de l'imagination sur les esprits crédules ; elle engendre la superstition avec ses terreurs et ses pratiques. « Le plus étrange effet de la force de l'imagination est la crainte

---

1. B. Spinoza, *Traité théologique et politique,* 1670. *L'Éthique,* 1675.
2. G. W. Leibniz, *La Monadologie. Discours de métaphysique.*
3. B. Pascal, *Les Pensées,* 1657.
4. N. Malebranche, *De la recherche de la vérité,* 1675.

déréglée de l'apparition des esprits, des sortilèges... de tout ce qu'on s'imagine dépendre du démon ».

L'empirisme battit en brèche le rationalisme. Deux philosophes anglais, John Locke[1] (1632-1706) et David Hume[2] (1711-1776), attribuèrent une importance capitale au fait que nous n'avons aucune conscience des choses ou des événements avant de les avoir appréhendé par nos sens. Ce qui est un retour aux idées d'Aristote *Nihil est in intellectu quod non prius fuerit in sensu* : « Rien n'est dans l'entendement qui n'ait tout d'abord été dans les sens », ce qui est fixer des limites au pur raisonnement et attribuer de l'importance à la perception sensorielle. À la naissance, notre esprit est vierge *tabula rasa* ; l'expérience est la source principale de la connaissance.

Le style baroque[3] dans lequel intervient tellement l'imagination est situé entre deux âges rationnels : les XVIe et XVIIe siècles durant lesquels la raison naturelle triompha, et le néo-classicisme du XVIIIe siècle. Surtout lié à l'art, il est caractérisé par la liberté des formes, la profusion des ornements, la fantaisie, l'imagination, l'irrationalité. Il mêle le vrai et le faux, le réalisme et l'imaginaire, la rigueur et l'excès : dorures, trompe l'œil, artifices. Son expansion dans le monde se fit avec une telle variété d'expressions qu'il est difficile de fixer son année de naissance et son décès car, en fait, il resurgit encore à notre époque, lorsqu'il y a excès de dorures, de marbres, de stucs, de volutes, d'angelots sortis de l'imagination. Il prend parfois d'ailleurs un sens péjoratif lorsqu'on désigne par là tout ce qui sort des normes et est dominé par un imaginaire extravagant.

V - LE XVIIIe SIÈCLE

Le « siècle des lumières » commença sous le signe de l'absolutisme politique et se termina par la révolte contre l'autorité sous toutes ses formes : église, roi, noblesse, et par la proclamation de la souveraineté du peuple et les droits de l'Homme et du citoyen.

L'imagination fut suspectée et critiquée et au contraire la raison fut saluée comme la suprême faculté de l'Homme, « sa dignité ». Un mouvement de pensée affirma qu'il n'existe rien sans raison d'être et donc que rien n'est inintelligible. La pensée rationnelle est capable d'atteindre la vérité absolue dans la mesure où ses lois sont également celles auxquelles obéit le réel. Non seulement l'esprit rationnel doit percer les secrets de la nature, mais encore chasser l'erreur et la superstition. L'homme acquit une confiance absolue dans sa raison déductive en particulier à cause des succès remportés en astronomie par J. Kepler et par I. Newton qui ramenèrent à quelques lois simples et mathématiques les mouvements compliqués des astres. Puisqu'elle avait si bien réussi, pourquoi la raison ne serait-elle pas capable de résoudre les problèmes moraux, politiques, métaphysiques... ? Le rationalisme n'admet des dogmes religieux que ceux qui sont compatibles avec les exigences de la raison.

Montesquieu (1689-1755) décrivit dans *L'Esprit des lois* (1748) une société fondée sur la raison. Ch. Wolff (1679-1754) pensa que, par la seule raison on peut sans le secours des sens saisir la réalité de l'Univers, « l'être des choses » dans ce qu'il a de plus général et d'universel.

F. Voltaire (1694-1778) voua une grande partie de son existence au combat en faveur de la raison. Il vanta toutefois l'imagination et la définit dans

---
1. J. Locke, *Essai sur l'entendement humain.*
2. David Hume, *Essais philosophiques sur l'entendement humain,* 1848.
3. Le terme *baroque*, emprunté au portugais, désignait d'abord une perle de forme irrégulière. Ce n'est qu'au XIXe siècle qu'il désigna une période et un style.

« L'Encyclopédie » : « C'est le pouvoir que chaque être éprouve en soi de se représenter dans son esprit les choses sensibles ». Il mit en évidence l'importance de l'imagination, non seulement dans les arts, mais aussi dans les sciences : « Archimède avait au moins autant d'imagination qu'Homère ».

J. J. Rousseau (1712-1778) écrivit : « Si c'est la raison qui fait l'Homme, c'est le sentiment qui le conduit » (*La Nouvelle Héloïse*. D'Alembert (1717-1783), Diderot (1713-1784) se donnèrent pour tâche de répandre la lumière de la raison sur toutes les connaissances humaines ; l'*Encyclopédie*, ouvrage de 27 volumes, est divisée selon ce qui est considéré comme étant les facultés principales de la connaissance : mémoire, raison, imagination. « L'histoire qui se rapporte à la mémoire, la philosophie qui est le fruit de la raison et les beaux-arts que l'imagination fait naître... »

Emmanuel Kant (1724-1804[1]) s'éleva contre le dogmatisme rationaliste. Il chercha à délimiter, comme l'avait fait B. Pascal, avec précision le domaine du rationnel ; il en récusa l'usage métaphysique. La raison s'enferre dans des contradictions inévitables dès qu'elle prétend s'élever au-dessus de toute expérience possible et faire des idées de l'âme, du Monde, de Dieu, des objets de prétendues sciences rationnelles. Par sa nature, la Raison ne peut échapper aux questions se rapportant à l'origine du monde, ou à l'existence d'un être suprême... mais par sa nature elle ne peut répondre à ces questions. L'imagination permet à l'esprit humain d'échapper à l'ennui du quotidien et de franchir les limites de l'expérience prosaïque. L'imagination est selon Kant la faculté de synthèse qui assure le passage entre les intuitions sensibles et les concepts. C'est elle et non les sens qui donne accès à l'invisible. « L'imagination donne corps à des idées de la raison qui sont invisibles : le séjour des bienheureux, l'enfer, l'éternité, la création ». Les sens sont trompeurs et peuvent retenir indûment l'attention tandis que l'imagination permet de libérer l'émotion, même religieuse, mais cela comporte des risques. « Toute notre connaissance commence par delà l'entendement et s'achève dans la raison ».

Lors des grandes révolutions européennes, les philosophes s'efforcèrent d'édifier une théorie rationnelle de gouvernement, de liberté, de justice. La Révolution française rechercha une vision réelle et calculable du monde d'où serait exclue la subjectivité. Le culte de « la déesse Raison » aboutit en 1793 à la suppression de la liberté, à la répression, à la terreur, à la guerre ! Robespierre disait : « Nous nous sauverons par la vertu et la terreur » ; il s'écroula et fut guillotiné en juillet 1794.

VI - LE XIXe SIÈCLE

L'histoire culturelle du XIXe siècle est faite de la tension entre deux pôles : le Romantisme et le Positivisme.

Il apparut qu'en voulant résoudre tous les problèmes posés par la nature et déduire les lois du Monde par le seul raisonnement, on peut commettre des erreurs et surtout aboutir à un appauvrissement de l'esprit. Il se produisit le reflux de la philosophie plutôt austère de la raison et du rationalisme du Siècle des Lumières. Le désir d'exprimer les sentiments dans les mœurs, dans la littérature et dans les arts... amena l'éclosion du Romantisme.

Cette « Révolution » éclata de façon soudaine, on peut dire à l'aube du XIXe siècle, pratiquement dans toute l'Europe, mais surtout en Allemagne, en France et en Angleterre. La société était en crise et la sensibilité romantique héritière à sa

---

1. E. Kant, *Critique de la raison pure*, 1781-1787. *Critique de la raison pratique*, 1788. *Critique de la façon de juger*, 1790.

façon de 1789 bouscula les règles, les genres, les bienséances. Le Romantisme ne fut pas simplement un mouvement littéraire ou artistique. Ce fut en fait une attitude nouvelle face à la vie, une nouvelle façon de la sentir.

L'imagination, la sensibilité, le rêve, la fantaisie devinrent des éléments dynamiques et créateurs. À la fin du XVIIIe siècle déjà, le romantique allemand Novalis, Friedrich Baron Von Hardenberg (1772-1801) avait considéré l'imagination comme une magie positive qui établit l'universelle affinité des choses et des esprits entre eux. Il écrivit : « Le monde doit être romantisé. En donnant un sens élevé à ce qui est ordinaire, une apparence mystérieuse à ce qui est commun, la dignité de l'inconnu à ce qui est connu, un halo d'infini à ce qui est fini, je romantise ».

Le mouvement culturel romantique fut une montée de sève dans tous les domaines et dans tout le monde occidental de Boston (Pœ, Longfellow) à Saint Petersbourg (Pouchkine), en passant par le Royaume-Uni (Byron, Shelley, Keats), l'Allemagne (Treck, Goethe, Schiller)… George Byron (1788-1824), Percy Shelley (1792-1822) eurent une grande influence sur le romantisme français. Les règles classiques littéraires furent rejetées. Dans l'expression libérée de la sensibilité et dans la communion avec la nature régna l'imagination : A. Lamartine (1790-1869), A. Vigny (1797-1863), A. Musset (1810-1857), V. Hugo (1802-1885)… En Angleterre, William Blake (1757-1827[1]), peintre et poète, proclama avec véhémence la supériorité de l'imagination et le pouvoir de l'énergie créatrice : « Ce qui aujourd'hui est prouvé ne fut autrefois qu'imaginé ».

Honoré de Balzac (1799-1850) s'est déclaré victime de son imagination dans une lettre écrite à Madame de Berny en 1822. Deux formes d'imagination se distinguent chez Balzac. L'une échafaude des théories trompeuses et des entreprises plus ou moins chimériques (fondation d'éphémères revues…), l'autre féconde et active donne vie à l'œuvre. À sa sœur il écrira qu'il se tient en garde contre l'intempérance de l'imagination. Il fait dire à Louis Lambert : « Personne ne sait la terreur que ma fatale imagination me cause. Elle m'élève souvent dans les cieux et tout à coups me laisse tomber à terre d'une hauteur prodigieuse ». Dans « Peau de chagrin », il est question de cette excessive mobilité d'imagination qui dessine mille projets sans base et dicte des résolutions impossibles.

Ch. Baudelaire (1821-1867[2]) voyait dans l'imagination la reine du vrai. « Comme elle a créé le monde (on peut bien dire cela, je crois, même dans un sens religieux), il est juste qu'elle le gouverne »… « La religion était la plus haute fiction de l'esprit humain (j'en parle comme parlerait un athée et rien n'en doit être conclu contre ma foi), elle réclame de ceux qui se vouent à l'expression des actes et des sentiments l'imagination la plus vigoureuse et les efforts les plus tendres »… « Que dit-on d'un savant sans imagination ? Qu'il a appris tout ce qui, ayant été enseigné, pouvait être appris, mais qu'il ne trouvera pas les lois non encore devinées. L'imagination est la reine du Vrai et le possible est une des provinces du vrai ».

Francisco Goya (1746-1828) distingua l'imagination livrée à elle-même et l'imagination contrôlée par la raison ; il inscrivit en bas d'une gravure représentant un homme tourmenté par ses « imaginations » : « L'imagination, abandonnée par la raison, engendre des monstres impossibles.

Unie à elle, elle est la mère de tous les arts et a source de leurs merveilles[3] ». H.F. Amiel (1821-1881) nota dans son journal que l'imagination créatrice engendre des êtres monstrueux et angéliques. « Nous produisons nous-mêmes notre

---

1. W. Blake, *Les Chants de l'expérience*, 1794. *Mariage du ciel et de l'enfer*.
2. Ch. Baudelaire, La reine des facultés dans *Curiosités esthétiques*, Salon de 1889.
3. F. Goya, *Caprice*, 43, 1799.

monde spirituel, nos monstres et nos anges... Nous objectivons ce qui fermente en nous... nous sommes tous des visionnaires et ce que nous voyons c'est notre âme dans les choses[1] ».

À partir de 1850, la société changea. Une tendance au matérialisme, au réalisme, se manifesta dans la littérature (Flaubert, Maupassant), dans l'art (Millet, Manet) comme dans la science.

Les progrès scientifiques, en particulier des sciences physique, mécanique, du thermodynamisme, de l'électromagnétisme, contribuèrent à inscrire une confiance absolue dans la pensée rationnelle. Selon Auguste Comte (1798-1857[2]), l'humanité passe du stade théologique caractérisé par une explication imaginative et surnaturelle des phénomènes (fétichisme, déisme,...) au stade positif où ils renoncent à découvrir l'essence des choses et se contentent de chercher par l'observation et le raisonnement les lois effectives qui régissent les faits. De nombreux savants s'inscrivirent dans la doctrine positiviste, avec quelques nuances toutefois. A. Cournot (1801-1877[3]) pensa que la certitude d'une connaissance est relative à son degré de probabilité ; il est impossible d'atteindre l'essence des choses. Henri Poincaré (1854-1922[4]) écrivit : « Ce n'est pas la nature qui nous impose des cadres (espace et temps) dans lesquels elle paraît enfermée ; c'est nous qui les imposons à la nature »... Les lois que l'homme découvre dans la nature sont les lois qu'il lui impose *a priori*.

Le même esprit d'orgueil qui avait perdu les rationalistes des XVIIe et XVIIIe siècles s'empara des positivistes du XIXe siècle. Ils se laissèrent aller à admettre qu'un physicien parfait pourrait construire une machine identique à l'Univers et telle qu'en la faisant tourner en arrière on retrouverait l'état du monde d'il y a 2 000 ans ou, en la faisant tourner en avant, on pourrait prédire l'état du monde futur ! Pierre Laplace (1749-1827) écrivit en 1814 : « Une intelligence qui pour un instant donné connaîtrait toutes les forces dont la nature est armée et la situation respective des êtres qui la composent, embrasserait dans la même formule les mouvements des grands corps et ceux du plus léger atome. Rien ne serait incertain pour elle, l'avenir et le passé seraient présents à ses yeux ». La doctrine positiviste fut appliquée aux systèmes vivants. F. Magendie (1783-1855) rejeta le vitalisme qui dominait les sciences de la vie depuis Galien (IIe siècle ap. J.-C.) et dont le dernier défenseur était Xavier Bichat. Les vitalistes soutenaient que la physique et la chimie sont incapables de rendre compte des propriétés de la matière vivante qui est régie par une force supérieure : la force vitale. F. Magendie déclara et démontra qu'il n'en était rien, car la vie est un phénomène qui n'échappe pas aux lois physico-chimiques. Il attaqua aussi les pures spéculations qui se contentent du raisonnement. « Ne raisonnez pas et expérimentez ». Cl. Bernard (1813-1878), son élève, étendit son œuvre : « Le raisonnement expérimental s'exerce toujours et nécessairement sur deux faits à la fois, l'un qui sert de point de départ, l'observation, l'autre qui sert de conclusion, l'expérience[5] ». Nous ajoutons volontiers que de l'observation à l'expérience et à partir de l'expérience, le chemin est guidé par la raison et plus encore par l'imagination.

Dans son discours de réception à l'Académie française (1882), Louis Pasteur magnifia la méthode rationnelle, mais mit en garde contre son usage exclusif : « Admirable et souveraine méthode qui a pour guide et pour contrôle incessant l'observation et l'expérience dégagées, comme la raison qui les met en œuvre,

---

1. H. F. Amiel, *Journal*, 1853.
2. A. Comte, *Système de politique positive*, 1851-1854.
3. A. Cournot, *Exposition de la théorie des chances et probabilités*, 1843.
4. H. Poincaré, *La Science et l'Hypothèse,* Flammarion, 1902.
5. Cl. Bernard, *Introduction à la méthode expérimentale*, 1856.

hors de tous préjugés métaphysiques ; méthode si féconde que des intelligences supérieures, éblouies par les conquêtes que lui doit l'esprit humain, ont cru qu'elle pouvait résoudre tous les problèmes ». Là aussi nous ajoutons volontiers que la part de l'imagination est grande dans la voie qui mène à la solution des problèmes.

VII - LE XXe SIÈCLE

L'intervention de l'imagination est reconnue, souvent louangée dans les créations littéraire, artistique, scientifique.

Gaston Bachelard (1884-1962[1]), dont les œuvres se partagent en deux versants, rigueur scientifique et sensibilité poétique, a souvent insisté sur la nécessité de l'imagination pour équilibrer le psychisme humain. Au monde de la rationalité s'oppose l'univers complémentaire de l'imagination et de ses symboles. « Un être privé de la fonction de l'irréel est un névrosé aussi bien que l'être privé de la fonction du réel. On peut dire qu'un trouble de la fonction de l'irréel retentit sur la fonction du réel. Si la fonction d'ouverture qui est proprement la fonction d'imagination se fait mal, la perception elle-même reste obtuse ». « La fonction de l'imagination est de séduire ou d'inquiéter l'être endormi dans ses automatismes ». L'imagination est d'après lui la faculté de l'ouverture et de la nouveauté : « Percevoir et imaginer sont aussi antithétiques que présence et absence. Imaginer c'est s'absenter, c'est s'élancer vers une vie nouvelle ». « Le vocable fondamental qui correspond à l'imagination, ce n'est pas image, c'est imaginaire. La valeur d'une image se mesure à l'étendue de son auréole imaginaire. Grâce à l'imaginaire, l'imagination est essentiellement ouverte, évasive. Elle est dans le psychisme humain l'expérience même de l'ouverture, l'expérience même de la nouveauté ».

J.-P. Sartre (1905-1990) publia *L'Imagination* (1936) où il critique les positions de Descartes, d'Hume et de Liebnitz, et *L'Imaginaire* quatre ans après : « Grande loi de l'imagination : il n'y a pas de monde imaginaire. En effet, il s'agit seulement d'un phénomène de croyance. Tout ce qui se passe dans un rêve, j'y crois, mais je ne fais qu'y croire ». Sartre voit dans l'imagination un acte relevant de la magie ; par l'imagination, l'homme se crée un univers fictif où se réalisent ses désirs et dont il est le maître : « Les châteaux en Espagne et les oncles d'Amérique » appartiennent à ce monde enchanteur[2] ».

Dans le domaine de l'art et de la littérature, le freudisme eut vers les années 1920 un réel retentissement. Les artistes s'imprégnèrent davantage de la vie inconsciente dans leur travail créateur, surtout dans le surréalisme. L'imagination triomphe dans ce que l'on a appelé la « redondance surréaliste », artistique et littéraire ; l'insolite, l'étrange, le bizarre, l'irréel règnent. L'irréel est surréel, d'où le nom de surréalisme. André Breton déclare[3] : « Réduire l'imagination à l'esclavage, quand bien même il serait de ce qu'on appelle grossièrement le bonheur, c'est se dérober à tout ce qu'on trouve, au fond de soi, de justice suprême. La seule imagination ne rend compte que de ce qui peut être et c'est assez pour lever un peu le terrible interdit, assez pour que je m'abandonne à elle sans crainte de me tromper ».

Pour exciter leur imagination, et s'évader au-delà du réel, les hommes ont de tout temps eu recours à des stimulants. Alcool, tabac, café, opium, mescaline... stimulent l'imagination. Plusieurs ont décrit le voyage de leur imagination

---

1. Bachelard, *L'Air et les Songes*, 1948. *La Poétique de l'espace*, 1957.
2. J.-P. Sartre, *L'Imagination*, PUF 1936. *L'Imaginaire*, Gallimard 1940.
3. André Breton, *Manifeste du surréalisme*, 1924.

survoltée dans des paradis artificiels... Ils ont souvent fini dans la décrépitude (Baudelaire).

Les scientifiques au contraire croyaient au début du XXe siècle avoir découvert les secrets de la matière, qui se comporterait d'une manière tout à fait raisonnable selon des règles strictes et pensaient que la raison triomphait et que l'imagination était marginalisée. F. Degognet fait remarquer qu'au XIXe siècle on disait les « savants » alors qu'en ce siècle on dit les « scientifiques », ce qui signifie leur dépendance d'un organisme d'État et d'une équipe.

Le XXe siècle en son début fut marqué par les progrès de la science physique : électromagnétisme d'Ampère, rayons X de Roentgen, radioactivité de Becquerel, de Pierre et Marie Curie, théorie des quanta de Planck, relativité d'Einstein donnaient toute l'importance à la rationalité qui triomphait.

Or, dans toutes les sciences, les hypothèses se situent au-delà de toute rationalité ; on décrit les phénomènes, mais on ne sait pas dire pourquoi ils existent, et quelles sont leurs causes ? Décrire n'est pas nécessairement comprendre. La minutie scrupuleuse des descriptions astrales, atomiques et biologiques, contraste avec les approximatives explications et incertaines compréhensions des mécanismes. Si l'on admettait l'existence de ce dont on tient de façon assurée l'explication et que l'on comprend, on serait amené à refuser celle d'une foule de phénomènes de signification inexpliquée. Le domaine de l'imagination s'étend avec la progression de notre savoir scientifique, progression qui fait découvrir de nouveaux inconnus. Le paradoxe est que les conceptions et les entreprises irrationnelles (sectes, guérisseurs, magie...) progressent avec l'extension et la complexité accrues de la Science.

L'imagination prend une grande part dans le renouvellement du savoir, dans tout progrès technologique, dans la création des œuvres littéraire, artistique ou scientifique. Composante essentielle de l'esprit, elle peut devenir la « folle du logis » et l'égarer vers des pensées irrationnelles, des ruptures avec le réel, avec le convenu. Dans le bouillonnement de mai-juin 68, deux slogans étaient souvent hurlés et inscrits sur les murs dans le foisonnement des graffitis : « Il est interdit d'interdire » et « L'imagination au pouvoir ». Pensées utopiques portées sur la vie sociale et politique certes, aspirations de justice et d'amour, et rêve d'un monde meilleur.

Deuxième partie

L'imagination source d'irréel et d'irrationnel

« La raison a beau crier, l'imagination a établi dans l'homme une seconde nature »

B. Pascal, *Pensées*.

Le rationnel et l'irrationnel coexistent dans l'esprit humain. La pensée rationnelle est ouverte, susceptible de progrès, elle est un cheminement. La pensée irrationnelle, le plus souvent close, est un achèvement.

L'imagination se donne libre cours dans tout ce qui concerne l'irrationnel. Songes et mensonges, mythes et mythologies, magie et sciences occultes... font appel au dépassement du réel et du rationnel. On a souvent des difficultés pour dire où finit le rationnel, où commence l'irrationnel.

Dès son émergence de l'animalité, et à la différence de l'animal, l'Homme terrifié par les dangers qui l'entouraient : bêtes féroces, tempête, cyclone, volcan, feu, tremblement de terre, maladie, mort... s'est posé des questions. Son imagination a brodé. Il a personnalisé les forces malfaisantes. Il a imaginé des êtres surnaturels : fées, monstres, dieux... « La peur a fait les dieux » (Lucrèce). Les mythes, les croyances, les rites... s'inscrivirent dans la pensée et dans l'action des sociétés primitives. Ils n'ont pas disparu dans les sociétés modernes. « On trouve dans le passé, et on trouverait même aujourd'hui, des sociétés humaines qui n'ont ni science, ni art, ni philosophie, mais il n'y a jamais eu de société sans religion » (H. Bergson : *Les Deux Sources de la morale et de la religion*).

On a longtemps fait intervenir les dieux pour expliquer les événements. L'Homme a toujours cherché à établir des correspondances entre le Cosmos et la Terre. Les chefs affirmèrent leur légitimité en se prévalant d'une origine divine : Alexandre, Auguste... Les chamans, les astrologues, les devins ont toujours été proches du pouvoir. Tout ce qui touche au pouvoir est entouré de mystères. Le hasard, la volonté, les vertus ne suffisent pas. César, Charles Quint, Napoléon Ier, croyaient à leurs étoiles et avec eux leurs sujets leur attribuaient l'aide du surnaturel.

Les oracles, les prophéties, les prédictions, les anticipations imaginées des pythies à Nostradamus depuis des siècles n'ont guère été confirmées. Il y a moins de mystères mais l'attrait de l'irrationnel n'a jamais été en sommeil. L'Homme adhère à des idées douteuses et même absurdes par défaillance de la raison. Au XVIIIe siècle, les Encyclopédistes, inventeurs du « culte de la raison », au XIXe les scientistes, au XXe siècle les matérialistes ont tenté en vain de bâtir un monde pétri de rationalité. « Le besoin de merveilleux » compose la pensée et l'action de la plupart d'entre nous. Les « forces obscures » déferlent toujours ; occultisme, superstitions, parasciences, sectes, guérisseurs... prolifèrent.

Au-delà du savoir est l'inconnu, pour une part inconnaissable qui ne peut être qu'imaginé. Nous disons à son sujet : je crois et non je sais ; nous croyons avant de savoir. La croyance affirme quelque chose sans pouvoir en donner de preuve, avec un degré plus ou moins grand de probabilité. Ce qui signifie l'existence d'un doute, ou d'une incertitude, par rapport à la vérité... Les croyances vont des hypothèses scientifiques aux dogmes religieux ou politiques, aux mensonges, aux mythes, à la crédulité aux sciences occultes.

I - LES SONGES ET LES MENSONGES

1. Les songes

Les *songes* surviennent sans l'intervention de notre volonté et hors de tout raisonnement. Ils sont par là proches du domaine de l'imaginaire et de l'imagination. Pour beaucoup de primitifs, le rêve vient de l'autre monde. « La clé des songes » a toujours représenté un mystère. Les Égyptiens pensaient que les rêves permettaient de connaître ce qui était caché à l'état de veille ; ils cherchaient même à les enrichir par prise de potions ou d'onguents. La Bible est remplie de rêves qui ont une valeur prophétique : songes de Joseph, de Daniel, de Jacob, de Salomon, de la femme de Ponce Pilate lors du procès de Jésus. En Grèce, les prêtres d'Épidaure, de Cos, de Pergame, lisaient les présages dans les rêves. Le sommeil (*hypnos*) et la mort (*Thanatos*) sont frères jumeaux de la mythologie. Aristote écrit dans le *Traité des rêves* : « Le rêve appartient à la sensibilité en tant qu'elle est douée d'imagination ». Il récuse l'aspect divinatoire et prémonitoire du rêve, s'il s'agissait de messages, Dieu choisirait mieux ses destinataires et ne les enverrait pas au premier venu. Au Moyen Âge, les songes reprirent de l'importance. L'oniromancie, du grec *onis* (rêve) et *mantie* (devination) eut des adeptes ; elle en a encore... Au XIXe siècle, les romantiques, les symboliques, les surréalistes lui firent une place de choix. De Nerval, Breton, Eluard, Dali ont fait du rêve une inépuisable réserve. Freud y voit une « soupape de sûreté », l'expression déguisée de nos désirs et pulsions inacceptables pour la conscience, refoulés, et que le cerveau évacue pour se soulager (*LInterprétation des rêves*, Freud). Pour les psychanalystes, c'est une voie d'accès à l'inconscient. H. Bergson compare les images oniriques aux hallucinations hypnagogiques qui apparaissent dans la phase d'endormissement (*Lueurs entoptiques*, 1901).

Les rêves sont le plus souvent décousus, absurdes. La question reste ouverte de savoir s'ils sont des histoires vécues que le rêveur retrouve dans sa mémoire : soucis du moment, scènes oubliées de l'enfance, ou bien des histoires construites à partir d'images sans suite dues à l'activité cérébrale du « sommeil dit paradoxal » qui tranche sur celle du sommeil lent profond qui le précède (M. Jouvet). On met de l'ordre spontanément lorsqu'on entreprend de les raconter ; intervient alors l'imagination. Les rêves comportent parfois des scènes visuelles ou des mélodies et on a admis la capacité créative du cerveau qui rêve : art ou science... On a parlé de « génie onirique ». En fait, très vite, après les rêves, tout devient flou et s'efface si l'on ne transcrit pas aussitôt.

2. Le mensonge

Le *mensonge* est dans la nature humaine ; le mot vient du latin *mentiri* qui signifie mentir. L'objectivité, nous le constatons tous les jours, est une qualité rare. Les fabulateurs, les mythomanes, les menteurs sont de fréquentes rencontres. Les fabulateurs décrivent les faits de façon imaginée et exagérée. Les mythomanes mentent pour le plaisir, ils transforment, améliorent la réalité médiocre, embellissent leur vie, abusent des superlatifs et arrivent à se persuader de ce qu'ils ont imaginé : mythomanie et amnésie ! Les menteurs conscients ou parfois inconscients pour donner d'eux une vision avantageuse, laissent libre cours à leur imagination et déforment la vérité. Ils voient certaines formes plutôt que d'autres ; ils conçoivent certaines idées et pas d'autres ; ils interprètent ce qu'ils voient ; ils voient plus grand ou plus petit, plus long, plus haut, plus beau, plus laid. Ils exagèrent systématiquement ce qu'ils ont fait, nient ce qu'ils ont dit, prétendent rapporter les faits exactement alors qu'ils le font de façon approximative, confuse, exagérée ou minimisée ; ils ajoutent toujours quelque chose et, avec le temps et la répétition, ils finissent par se prendre à leur propre jeu et par croire à leur récit : l'histoire accommodée devient pour eux réalité vécue. Pytheos dit le Massaliote, au IVe siècle, Marco Polo au XIIIe, racontent leurs voyages, étonnants pour leurs époques, l'un de Marseille à la mer du Nord, l'autre vers la Mongolie et la Chine, mais leurs récits sont pleins d'invraisemblances, en particulier l'ascension par Marco Polo du Mont Pamir haut de plus de 8 000 m ! Machiavel a la Renaissance italienne enseigna le mensonge pour raison d'État à son disciple Médicis (*Le Prince*).

3. Les témoignages

De nombreux témoignages sont peu fiables en raison de la puissance de l'imagination et du manque d'objectivité. Combien de choses sont mal vues en toute sincérité ? Deux témoins d'un événement récent le racontent de façon différente, c'est dire ce qui peut être des faits anciens ; ils sont vus à travers des tempéraments et parfois avec un parti-pris le plus souvent inconscient. Il suffit d'écouter les dépositions faites de bonne foi par les témoins d'un accident de la route qui vient de se produire pour être édifié. Nombreux sont ceux qui ne perçoivent que ce qui est en accord avec le contenu de leur pensée ; ils interprètent, déforment, idéalisent, finissent à force de répétition par croire leurs idées plus réelles que le réel lui-même, puisqu'elles sont leur réalité intérieure. « L'eau qui coule de la source » dit Proust. « Quantité de gens sont plus sensibles à l'imagination qu'au réel »... « L'homme éprouve ce qu'il imagine éprouver » écrit Gide. « Pour vivre agréablement notre vie, nous avons besoin du mensonge » écrit Jacques Laurent dans un essai[1] où il offre une série de variations sur l'art du mensonge et du trompe-l'œil, du visage de Faust au métier du prestidigitateur en passant par le théâtre, la peinture de Géricault et... Jésus. « Il n'y a que la vérité qui offense » affirme un proverbe ; celui qui l'a formulé pratiquait assurément le mensonge.

Selon l'interprétation des psychanalystes, les mensonges correspondent souvent à des désirs insatisfaits ou plus exactement à un dépassement de notre capacité de rationaliser certains phénomènes, certains faits, certaines idées. Lorsqu'il ne s'agit que d'histoire de chasse ou d'exploits sportifs, le manque d'objectivité et d'exactitude, l'exagération et même le mensonge ont peu de conséquences ; lorsqu'il s'agit d'observations scientifiques, de résultats chiffrés ou de preuves testimoniales, d'opinions formulées sur une personne, de mœurs sexuelles, de combines financières, de maladies (cancer, SIDA), ils prennent toute leur gravité.

4. Les préjugés

Les *préjugés* et les convictions enracinés inhibent le libre jeu de l'esprit. Des jugements, des interprétations, sont difficiles à soustraire à l'influence des contenus préalables, des apriorismes religieux ou politiques. Boris Souvarine aurait dit d'après J.-F. Deniau : « Le pire n'est pas l'oppression mais le mensonge ». Au cours des années 30, des universitaires français furent invités à se rendre en URSS. Ils firent le même voyage, virent les mêmes choses, rencontrèrent les même personnes pendant le même séjour. Les récits de voyages qu'ils en firent et les conclusions qu'ils en tirèrent au retour furent différents et, pour d'eux d'entre eux, absolument opposés ; ils étaient en conformité avec leurs

---

1. Jacques Laurent, *Du mensonge,* Plon, 1994.

opinions politiques et, selon toute vraisemblance, de bonne foi ; il s'agissait d'universitaires ! Rationalité ? non, plutôt surrationnalité car opinions soustendues par l'imagination et par la passion. Du temps des grandes purges staliniennes, il est arrivé à bien d'autres de ne rien voir si ce n'est ce qui donnait satisfaction à leur imagination et à leur passion, et les confortait dans leurs convictions. Des journalistes et des voyageurs nous ont présenté la Chine de Mao de 1960 à 1970 comme un exemple de tolérance, de démocratie et de bonheur populaire ; nous avons appris depuis que les tortures et les morts s'y comptaient par millions...

Le cerveau de l'homme est sous l'emprise d'un certain nombre d'idées et de croyances ; il n'accepte volontiers que celles qui sont en accord avec elles et perçoit mal les autres ; l'ensemble est cohérent mais exclusif et intolérant. Les idées arrivées les premières occupent la place et sont renforcées par l'habitude ; elles bloquent le cerveau et interdisent son accès aux idées nouvelles ; avec le temps, les opinions s'incrustent. Pour n'avoir pas évolué, des chefs d'État ont tout perdu après avoir pourtant connu une première période bénéfique. Pour s'être figées, des idéologies, qui ont d'abord porté l'espoir, sont tombées en cendres après avoir nui.

5. La vérité aux malades

Le médecin a-t-il droit au mensonge ? Doit-il dire la vérité à ses malades ? Ce dilemme n'a rien de nouveau. Platon dans son *Esquisse de l'état utopique* réservait le « droit de mensonge » à « la manière d'un médicament » aux seuls médecins. L'attitude la plus souvent adoptée est ce qu'on appelle le mensonge pieux fait de l'utilisation d'un vocabulaire hermétique que le malade ne comprend pas. Le médecin doit faire preuve de psychologie et d'extrême délicatesse pour faire comprendre la gravité de l'état à l'intéressé ou mieux à un membre de la famille choisi pour son objectivité et sa réflexion... Il est dans une situation difficile car il est pris entre le devoir d'informer et les sentiments d'humanité. C'est là que s'exprime son savoir, son savoir-être et son savoir-dire.

6. La « rumeur »

La « rumeur » naît et se propage ; le vecteur en est l'imagination. Elle sort comme le chiendent dans un jardin ; on n'en retrouve pas les racines. L'origine est insaisissable ; tout le monde se défend. Le ragot, la calomnie s'insinuent lentement et finissent par devenir vérité pour qui les rapporte. Un premier mal intentionné fait une simple remarque : « ça a dû lui rapporter ». Un second avance « on m'a dit que ça lui avait rapporté ». D'autres ensuite affirment « ça lui a rapporté gros » et souvent ils ajoutent un chiffre sorti de leur imagination. Chacun se réjouit d'être dans le secret, de voir confirmer l'idée qu'il n'y a pas de geste désintéressé et de faire du tort à quelqu'un qu'on n'aime pas parce qu'il a réussi alors même que c'est grâce à son travail, à sa volonté et à son intelligence... Une fois lancée, la rumeur est difficile à arrêter. À l'origine, l'instigateur satisfait une rancune personnelle, ensuite viennent ceux qui, par plaisir, par malveillance, se chargent de colporter. Le phénomène se rapproche des psychoses collectives. Des sortes d'épidémies historiques sont bien connues : possession des ursulines de Loudun, soucoupes volantes, exode de 1940, rapt de jeune fille pour prostitution dans des magasins... SIDA d'une star... La rumeur court... Les contrevérités concernant les « produits miracle » se répandent parfois très vite et grâce à la diffusion non contrôlée des médias, en ce qui concerne la santé, préoccupation de tous.

7. L'imagination infantile

L'imagination de *l'enfant* n'est pas freinée par le poids du passé, les souvenirs, les expériences. Il est par bien des côtés un « visionnaire ». Confronté aux obstacles de la réalité, il bascule aisément dans l'Imaginaire. Toute information a pour lui la même valeur et laisse une marque, une « empreinte ». La sélection entre les informations véridiques et celles qui sont erronées se développe par la suite. Dans ses jeux, il transforme le réel et vit dans le merveilleux et l'irréel ; il invente et finit par vivre son invention. Son imagination devient fabulation. Il aime les contes de fée, les « petites histoires » ; il en situe l'action dans le conditionnel : « Je serais le roi, tu serais la reine », « je serais le gendarme, tu serais le voleur »... Les bandes dessinées, les dessins animés... favorisent cette vision fantasmagorique. L'enfant attribue un caractère vivant et des intentions à la réalité extérieure. Quand il se cogne, il tape sur la table qu'il a heurtée en la traitant de méchante. On encourage d'ailleurs sa disposition naturelle à admettre des forces mystérieuses : le père Noël, le père Fouettard, le loup-garou... L'enfant constate que les parents qui lui disent que mentir est très vilain, sont les premiers menteurs ; il en est déçu. Les psychiatres pensent qu'il faut laisser une part d'irrationnel dans l'esprit de l'enfant ; cela ne peut que stimuler sa curiosité, son esprit critique, son imagination, et même sa créativité ! Le père Noël représente un « espace de rêve » !

8. Les légendes

Dans la constitution des *légendes*, l'imagination ajoute le merveilleux au vrai et les confond avec l'histoire. Elles paraissent d'autant plus véridiques que leurs auteurs et leurs interprètes sont prestigieux et que leur contenu correspond à un besoin. Ainsi est née la mythologie grecque et sont devenus populaires les héros de l'épopée homérique. Le combat de la raison contre la passion qui excite l'imagination est un thème souvent repris depuis dans la littérature : Achille, dans l'*Iliade*, est en proie aux sollicitations contradictoires de son *phren* (raison) et de son *thymos* (colère) ; il est prêt à bondir sur Agamemnon quand apparaît Athéna, la déesse de la raison — ainsi s'est transmis le rythme du continent perdu de l'Atlantide déjà raconté par Platon et que Pierre Benoit a exploité dans un roman — ainsi sont nés les grands récits d'amour de la *Table Ronde* et la légende arthurienne qui, du XIIe au XVe siècle, essaima dans l'Europe entière à partir de la Bretagne. Ainsi serait né sous Napoléon III le mythe du chef gaulois Vercingétorix vaincu par Jules César vers 60-50 av. J.-C. à Alésia.

9. L'idéalisme

L'imagination joue un grand rôle dans l'idéalisme, système philosophique qui nie la réalité en tant que telle et fait une large part à l'idéal, c'est-à-dire au type parfait et au modèle parfait, donc aux valeurs intellectuelles, esthétiques, éthiques, morales : « Le Vrai, le Beau, le Bon ». En fait, l'idéalisme met en question le Réel ; l'idéaliste nie la réalité en tant que telle. S'il est de surcroît passionné, il peut être sujet à une exaltation capable d'obscurcir ou de fausser le jugement. L'amour passion fait une part plus grande à l'imagination qu'à la raison ; l'être aimé est idéalisé ; c'est ce qu'on appelle aussi l'amour fou car il peut amener le possédé à tuer ou à se tuer. Le désir sexuel est généré par les messages sensoriels et alimenté par l'imaginaire.

L'idéaliste polarise son attention et son existence sur des thèmes « altruistes », mythiques, politiques, religieux. Associée à sa structure paranoïaque, sa constitution est cyclothymique. Certains sont capables de tout sacrifier pour leur idéal. Don Quichotte, personnage émouvant du chef-d'œuvre de Cervantès, est conduit par son imagination interprétative à la psychose hallucinatoire et au délire paranoïaque. Louis II de Bavière a vécu dans un monde imaginaire de rêve et de légendes fabuleuses. Il fuyait le prosaïque et le vulgaire. Tiraillé entre le pouvoir et le rêve, il était féru de grandeur et de beauté. Sa passion pour la musique wagnérienne, son amour délirant pour les châteaux, sa fin mystérieuse dans le lac de Stannberg, sont du domaine fantasmagorique et mégalomaniaque. Son antimonde était Bismark et l'hégémonie de la Prusse, le capitalisme et l'industrialisation à outrance. Il se réfugia dans la solitude. Il a déclaré vouloir demeurer une énigme pour lui-même et pour les autres.

10. La presse

La presse se doit d'informer de façon objective des événements et du progrès des connaissances. Elle doit être égalitaire, c'est-à-dire atténuer, supprimer la discrimination entre une élite qui dirige et qui est informée et la masse qui ne sait rien. A-t-elle le droit de présenter les informations à sa manière ou dans le but de satisfaire les idées politiques de ses lecteurs ? Présenter l'information sous un jour qui leur corresponde, c'est signifier que l'on ne sera pas impartial… La faute suprême en matière de presse, dit Jean-François Revel, ce n'est pas de défendre des opinions, c'est de le faire en n'ayant pas l'air de le faire. Le devoir pour un journaliste est de fournir les informations exactes et complètes et de faire des commentaires partisans s'il y a lieu après seulement, et non pas de les amalgamer.

En ce XXe siècle, nous disposons de plus de connaissances et plus nombreux sont ceux qui savent. L'information est devenue égalitaire et généreuse : la distance pourrait être moins grande entre la culture de l'élite et celle de la masse des citoyens si ces derniers avaient eu la chance de faire de plus longues études et s'ils en avaient conservé le désir de savoir. En fait, beaucoup vivent, mangent, assistent à des spectacles de foule, se reproduisent le moins possible, songent à leur retraite… qui est pour la plupart une mort psychique… Le plus grave est la déviation à laquelle les esprits faibles sont exposés ; elle émane des machines à endoctriner et à falsifier les chiffres, les données, les faits, pour obéir à une idéologie. Le mensonge politique déforme systématiquement la vérité : « La démocratie ne peut pas vivre sans la vérité ; le totalitarisme ne peut pas vivre sans mensonge[1] ». Cicéron pensait déjà que le mensonge est le meilleur fourrier de la dictature.

II - LES MYTHES ET LES MYTHOLOGIES

Qu'est-ce qu'un mythe ? Les philosophes, les théologiens, les psychanalystes, les ethnologues, les archéologues, les linguistes en ont donné des définitions. Des philosophes grecs, on retient l'opposition restée traditionnelle entre *muthos* (qui a donné le latin *mythos*), trame narrative, souvent expression de l'imagination, et *logos*, terme polysémique que l'on peut traduire par parole, discours et par

---

1. Jean-François Revel, *La Connaissance utile,* Grasset, 1988.

interprétation rationnelle des phénomènes. Le muthos préexiste au logos, l'imagination précède la pensée rationnelle.

La langue française s'en est tenue longtemps au mot fable pour désigner ce qui résulte de l'imagination. Le mot mythe n'apparaît qu'au XVIIIe siècle. Le déchiffrage des écritures égyptiennes puis babyloniennes au XIXe siècle a amené à faire la différence entre la fable qui ne suppose ni le sérieux, ni la croyance, et le mythe qui a accordé aux textes concernés un plus grand sérieux pour en faire des vérités.

1) Les récits mythiques, de caractère plus ou moins sacré, transmis oralement ou par écrit, chargés d'expliquer le monde, concernent les forces cosmiques, l'origine de l'Univers, l'histoire des peuples. Platon condamna les mythes traditionnels dont il faisait des récits non susceptibles de vérification. Les phénomènes naturels sont parfois personnifiés (Prométhée, Faust). Ainsi se sont élaborées les mythologies.

2) Les idées et les conceptions mythiques cherchent à expliquer le visible par l'invisible. Ce sont des sortes d'aide-mémoire. C'est ainsi qu'on parle du « mythe du progrès », du « mythe de l'âge d'or », du « mythe du père Noël ». Ils peuvent être idéologiques, religieux, sociaux ou politiques. Leur utilité vient de l'opposition ou de la lacune qu'il y a entre la construction intellectuelle, la pensée scientifique, qui doivent être cohérentes et logiques, et le savoir réel : le « mythe de Sisyphe » correspond au travail inutile et sans espoir[1] ; le « mythe du Big-Bang ». « Toute théorie de quelque importance risque d'être utilisée de manière abusive et de déraper en mythe » (François Jacob : *Le Jeu des possibles*). Dans ces deux usages, le mythe ne dit pas directement ce qu'il veut dire. Il n'est pas une simple fable. Il s'exprime de façon symbolique, il donne des directives porteuses de sagesse et génératrices d'ordre social. Il est sérieux.

3) Dans un autre, le mythe est dans le langage courant une sorte de rêve, quelque chose dont on parle mais qui est peu vraisemblable ; ses adeptes sont jugés naïfs ou déraisonnables. Le mot prend alors le sens péjoratif de pure construction de l'esprit. Dire « c'est un mythe » signifie « ça n'existe pas ». La mythomanie est une tendance, plus ou moins volontaire et consciente, au mensonge, à la création imaginaire de fables (fabulation), à la simulation d'états organiques anormaux. Dire de quelqu'un « c'est un mythomane » signifie qu'on le traite de menteur vaniteux, et même mal intentionné et pervers. Mythe a un cousinage étymologique avec mystère, mystique, mystification…

Nous ne prétendons pas donner un tableau complet des récits mythiques concernant les dieux, le monde, les héros, les hommes. Il paraît juste de distinguer les petites mythologies qui correspondent au fait que, dans toutes religions, les croyances ont été personnifiées, et les grandes mythologies classiques, égyptiennes, grecques, romaines… Viennent ensuite les mythes des religions monothéistes et les mythes laïcs et politiques.

1. Les petites mythologies[2]

Dans les temps où il ne disposait pas de moyens scientifiques, l'homme faisait travailler son imagination pour expliquer les grands mystères du Monde et de l'Humanité, déchiffrer son destin et établir des correspondances entre le Cosmos et la Terre. Les mythes ont précédé les récits rationnels. Ainsi naquirent

---

1. Albert Camus, *Le Mythe de Sisyphe*, Essai sur l'absurde, 1942.
2. Par distinction avec les grandes mythologies grecques et romaines.

les mythes de la Mésopotamie il y a 5 000 ans, épopée de Gilgamesh, épopée de la Création (Jean Bottero[1]). Ainsi naquirent les religions polythéistes.

Les hommes primitifs ont d'abord imaginé des religions de défense contre les dangers qui les menaçaient. Leurs mentalités comme celles des enfants sont liées à l'action et indifférentes à la pure spéculation ; ils pensent et agissent par peur et par passion, par imagination, plus que par raison. Partout naissent les mythes accompagnés de leur cortège de rites et de magie. La plupart des tribus d'Afrique, d'Amérique, d'Océanie, ont leur mythologie.

Les héros mythiques générés par l'imaginaire ont traversé les siècles : Prométhée, Thésée, Œdipe, Samson et Dalila, Faust, Frankenstein, Don Juan... Laïcisés, ils survivent parfois dans la littérature. Les mythes peuvent se perpétuer sans pour autant être tenus pour vrais. Ainsi sont nés et se sont transmis des contes, des fables et des légendes destinés à expliquer les phénomènes, les faits et les gestes, les catastrophes, les malheurs, la maladie... Le plus simple fut de les personnifier : les dieux fournirent une réponse aux grandes interrogations métaphysiques et cosmogéniques. La foudre était l'expression de la colère de Zeus ; des rites, des sacrifices, des cérémonies étaient destinés à l'apaiser et à attirer ses faveurs. Platon présente les sophistes comme des « faiseurs de mythes ». Protagoras excelle, il a composé le mythe de Prométhée et d'Épiméthée. Les mythes rendent le discours plus agréable ; ils s'adressent à tous et ils rassemblent quand le discours rationnel est exclu. La parole mythique correspond à la nature irrationnelle des esprits. Un mythe a traversé le temps ; c'est celui de la jeune fille marchant consciente vers son supplice et sa mort. Nombreux sont les poètes qui ont chanté ce mystère : Iphigénie, les martyres chrétiennes, Jeanne d'Arc...

Dans les pays amérindiens, Toltèques, Aztèques, Mayas, Incas... des mythes motivaient les rites et les sacrifices aux dieux qui incarnaient les forces de la nature, le soleil, les astres, la pluie, la mort. Le panthéon aztèque compte de nombreux dieux : Dieu du soleil, dieu du ciel, dieu de la beauté, dieu du maïs... De nombreuses victimes leur étaient sacrifiées.

Dans les pays nordiques, se transmettent des contes populaires qui représentent l'équivalent des védas de l'Inde ou des poèmes homériques des Grecs. En Islande, pays terrorisé par les éruptions volcaniques, par la misère, tout un patrimoine culturel s'est constitué, fait de récits dans lesquels interviennent fantômes, géants, elfes, sorciers le plus souvent malfaisants. On découvre une exceptionnelle fécondité littéraire ; dès le XIIIe siècle, les principaux contes, sagas, racontent les histoires de héros et de rois. Les poèmes de l'Edda font connaître les anciens dieux scandinaves et le fond des légendes germaniques. En Norvège sont figurés des personnages monstrueux appelés trolls qui régnaient sur la nuit et que déjà redoutaient les Vikings.

2. Les grandes mythologies

Les grandes mythologies : égyptienne, grecque, romaine, indienne, chinoise... les mêmes thèmes se retrouvent : la création, le déluge, l'inceste originel, le vol d'objets sacrés, le fol du feu, les récompenses, les punitions... Les rites précurseurs : secte baptiste, doctrine essenienne, messianisme, bien que rivaux, ont tous en commun une pratique rigoureuse, l'espérance du retour d'un messie, l'attente de la fin des temps, l'idée d'un ange envoyé par Dieu pour sauver les hommes. La Déesse-Mère, longtemps personnage central, puis refoulée par

---

1. Bottero, *Les Belles Lettres*, Babylone et la Bible, 1994.

les ordres patriarcaux, réapparaîtra dans le christianisme : la Vierge, mère de Dieu.

La richesse de la mythologie égyptienne est attestée par les temples et les tombeaux de la vallée du Nil, les inscriptions et les papyrus.

Les Grecs et les Romains n'ont jamais cessé d'emprunter des divinités à d'autres peuples d'Asie et d'Afrique. La Grèce faisait reposer sa puissance sur un rigoureux dispositif d'État et sa pensée, sa ligne de conduite sur une foisonnante mythologie. Dans l'Olympe, les Dieux sont souvent unis entre eux et parfois avec des humains par des liens familiaux. Telle la filiation Zeus, Apollon, Asclepios, et ses filles Panacée et Hygie. Zeus, le roi des Dieux, s'est très souvent accouplé avec des mortelles. Il n'avait pas moins de quatre enfants avec la troisième Héra. Les fabuleuses histoires des dieux témoignent d'une grande richesse inventive : ils ressemblent aux hommes et ont leurs passions : amour, haine, sagesse, déraison, et leur mesquinerie, leur fourberie. Prométhée est porteur du feu céleste et de dons : intelligence, sagesse. Son frère Épiméthée, à qui il confie une boîte contenant la misère et la maladie, a tort de faire confiance à son épouse Pandore. Celle-ci, par curiosité, ouvre la boîte et tous les maux se répandent sur l'humanité. Les dieux sont spécialisés, on s'adresse à l'un ou à l'autre suivant les cas. La spécialisation la plus poussée est celle des Muses, filles de Zeus et de Mnémosyne (La Mémoire). Au nombre de neuf après avoir été primitivement trois, elles président à l'histoire : Clio, à la poésie lyrique Euterpe, à la comédie Thalle, à la tragédie Malpomène, à la danse Terpsichore, à la poésie érotique Érato, à l'hymne Pothymie, à l'astronomie Uranie, à la poésie épique Calliope. Leurs demeures sont lieux de culte.

Six cents ans avant Jésus-Christ, Thalès, philosophe de la célèbre école de Milet, faisait déjà remarquer en se moquant que « l'Univers était peuplé de Dieux ». André Malraux, 2 500 ans plus tard, paraphrasa : « L'homme est une machine à fabriquer des Dieux ». Bergson nous a fait part de son triste étonnement : le spectacle de ce que furent les religions et de ce que certaines sont encore est bien humiliant pour l'intelligence humaine. Quel tissu d'aberrations ![1 et 2].

Transmis par voie orale de génération, les croyances mythiques furent rassemblées et magnifiées par Homère, par Hésiode et intégrées dans la philosophie par Platon en particulier. On croyait à ce que racontait Homère : la guerre de Troie dans l'*Iliade*, les voyages d'Ulysse dans l'*Odyssée*. Les modèles mythologiques fournis par l'épopée homérique ont joué un grand rôle dans la conduite publique des Grecs. Alexandre fut regardé comme un nouvel Achille.

Platon, Aristote… faisaient jouer aux mythes un rôle pédagogique. Pour fonder une cité, il faut des lois et aussi des mythes, conseillait Platon : Athéna, la guerrière, règne sur Athènes. Dans Pythagore (582-500), comme dans Platon (428-348), on constate un curieux mélange de science mathématique et de croyance aux mythes. Dans le *Timée*, c'est l'origine du monde, les Dieux et les hommes, dans *La République* le mythe de la caverne, la société et ses classes, dans le *Critias* le mythe de l'Atlantide, dans *Phèdre* l'attelage de l'âme, le cocher et le cheval blanc et cheval noir, dans *Le Banquet,* Éros et Thanatos constamment la mythologie, la science et la société idéale… Aristote (384-322) remet en cause les idées de son Maître. Un tableau de Raphaël *L'École d'Athènes* (1510) représente très symboliquement Platon pointant son index vers le ciel et Aristote montrant de sa main la Terre. Le souci d'Aristote était de dégager la connaissance de l'observation des choses.

---

1. La religion n'est pas seulement une croyance, elle est aussi un ensemble de règles morales et de rites.
2. H. Bergson, *Les Deux Sources de la morale et de la religion,* 1932.

Les Romains adoptèrent la mythologie grecque. Zeus est Jupiter, Hera : Junon, Esculape : Asclepios... Tite-Live, Virgile, Ovide racontent les mythes romains comme s'il s'agissait de l'histoire réelle de la naissance et des premiers temps de Rome... Romulus et Remus, « les sept rois », la ville distinguée par les dieux doit devenir la première sur la terre.

3. Les mythes sacrés des monothéismes

Il n'existe pas de mythologie juive, chrétienne ou musulmane ; les religions monothéistes révélées ont toujours fait preuve d'une volonté de démystification. Elles comportent pourtant des récits mythiques.

En schématisant à l'extrême, on a pu dire que les polythéismes sont fondés sur l'idée que « tout est Dieu » tandis que les monothéismes reposent sur la conception anthropomorphique d'un Dieu unique créateur tout puissant : « Dieu est tout ». La spécialisation est réservée aux anges et aux saints. Le mal est aussi personnifié par le Diable ; de l'Ancien Testament au Nouveau, l'image de Satan prend corps à travers un imaginaire fabuleux et passionné.

« Deux facteurs ont contribué au développement de la littérature religieuse d'imagination en milieu biblique, écrit Dom Pierre Miquel[1], l'histoire mouvementée et souvent dramatique du peuple et l'interdiction des images » compensée par un foisonnement d'images littéraires. Les récits bibliques de la création du monde en sept jours, de la création de l'Homme et de la femme, du péché originel, de l'expulsion du paradis terrestre, du déluge, de la tour de Babel, de l'exode, du passage de la mer Rouge... relèvent du mythe, donc de l'imagination qui supplait à l'absence de documents... « L'imagination donne corps à des idées de la raison qui sont des invisibles : le séjour des bienheureux, l'enfer, l'éternité, la création » (Kant[2]). Les représentations imagées des événements (apocalypse, enfer, paradis) et des apparitions sont le plus souvent nées de l'imagination. Elle intervient à deux niveaux : au niveau de l'auteur biblique qui décrit un événement dont il n'a pas toujours été témoin et au niveau du lecteur ou auditeur qui interprète à son tour. Les textes bibliques seraient l'œuvre de plusieurs scribes qui les accommodèrent à diverses époques. Les Évangiles canoniques rédigées d'abord en hébreu auraient été maintes fois remaniées, traduites en grec puis en latin... Les « vérités d'évangile » seraient des vérités mythiques[3]. Les traducteurs, les prédicateurs, les mystiques ont mis leur imagination au service de leur foi.

Les yeux de la foi permettent de voir l'invisible ou plus exactement de l'imaginer. P. M. Schutil[4] rappelle combien il est difficile de fixer des frontières à l'imagination. Il distingue l'imagination superstitieuse magique ou idolâtrique et l'imagination spirituelle intuitive.

L'image plus que le texte libère l'imagination ; le texte réclame une clarté logique. Les artistes : peintres, sculpteurs, compositeurs, les écrivains : poésie, théâtre, ont été inspirés par les thèmes et les personnages des mythologies grecque et romaine : Narcisse, Orphée, Prométhée, Œdipe, Antigone, Phèdre, Hercule... Les tragiques grecs Eschyle, Sophocle, Euripide... les romains Virgile dans l'*Énéide*, Ovide dans les *Métamorphoses*, Sénèque dans des tragédies, Racine, Corneille, Shakespeare, Victor Hugo dans leurs pièces les plus célèbres..., pour ne citer que ceux-là, s'attachent au rôle de la plus puissante des

---

1. Dom Pierre Miquel, *Histoire de l'imagination*, Léopard d'or, 1994.
2. E. Kant, *Critique de la faculté de juger*, Gallimard, tome II.
3. Tristan Hannaniel, *Les Controverses du christianisme*, Les Compacts Bordas, 1992.
4. P. M. Schutil, *Remarques sur l'imagination*, Revue Philosophique PUF, 1954.

forces, l'ambition et la conquête du pouvoir. Plus près de nous Valéry et Cocteau, ont aussi puisé dans l'histoire grecque et romaine. Des films ont pris pour thèmes les aventures d'Ulysse et d'Achille, les travaux d'Hercule, les Titans, la guerre de Troie...

Le christianisme a inspiré toute une imagerie, des icônes du rite orthodoxe aux chefs-d'œuvre de la peinture occidentale. Si Dieu a créé l'homme à son image, l'homme le lui a bien rendu. Les races projettent sur Dieu leurs caractéristiques ethniques : « Les Éthiopiens disent que leurs dieux sont camus et noirs, les Thraces qu'ils ont les yeux bleus et les cheveux roux » (Xénophane). N'est-ce pas profanation que de vouloir représenter Dieu tel que nous : corps, tissus, muscles, squelette, visocères ? On comprend que certaines religions proscrivent toute image de Dieu. Toutes les scènes, toutes les fêtes religieuses, tous les événements de la vie, de la Vierge, du Christ, d'après les évangiles de saint Luc, de saint Mathieu, l'Annonciation à Marie, la naissance et la crèche, le baptême de Jésus, l'Ascension, la Crucifixion, la Résurrection du Christ, le Jugement dernier, le Ciel, sont parmi les thèmes favoris des peintres et des sculpteurs... L'imagination des artistes a souvent été inspirée par la prédication ; elle supplée dangereusement aux lacunes de l'histoire et aux silences de la Révélation ; elle construit le monde imaginaire de l'au-delà, si nécessaire à la majorité des hommes.

4. Les mythes laïcs et politiques

Les grandes mythologies ont disparu, mais malgré la rationalisation de la pensée et de la société, les mythes continuent à stimuler l'imagination de l'Homme moderne.

La modernité, la science suscite des mythes : telle est l'hypothèse du Big Bang et de l'expansion de l'Univers par exemple. Il en est qui sont fondés sur la croyance au progrès, la possession du bonheur, la vision utopique d'une marche vers l'âge d'or, vers une société idéale, égalitaire... D'autres sont axés sur la recherche, le bien-être ou sur l'admiration pour un héros représenté le plus souvent par une star ou par un champion ; ce qui est particulièrement vrai pour les jeunes. D'autres encore sont politiques, idéologiques : despotes et dictateurs ont fondé leur pouvoir sur des mythes : mythe du Sauveur à travers l'histoire, mythe de l'âge d'or, mythe d'abondance et de nation universaliste des États-Unis, mythe communiste de l'Union soviétique, mythe hitlérien raciste... Faire d'un homme ou d'un événement un mythe, c'est l'extraire de l'histoire pour lui donner valeur de vérité éternelle : Cincinnatus, le vieillard appelé aux affaires pour sauver la patrie, Alexandre le héros charismatique, Moïse le fondateur, Jeanne d'Arc... Les guerres idéologiques qui en découlent ressemblent fort aux guerres de religion... L'idéologie, élément dynamique de la société, a quelque rapport avec la théologie car il ne suffit pas à l'homme de comprendre le monde matériel et social ; il faut aussi lui donner une dimension dans l'au-delà.

Les sciences sociales sont dans une certaine mesure idéologique dans leur analyse et surtout dans l'utilisation qu'en font les hommes d'action responsables de l'économie et de l'administration.

Le mythe prend le citoyen par les sentiments et enfièvre son imagination. Pour parler au peuple, pour qu'il écoute, on ne peut pas échapper au mythe. Un discours argumenté est souvent inefficace ; parler longuement et techniquement, c'est prendre le risque d'être incompris. Pour emporter la conviction, un message bref et simple, fait d'images, vaut mieux. Le mythe offre souvent cette image au politique comme au publicitaire. Le discours mythique énonce et escamote à la fois ; il rappelle les situations du passé et fait oublier les désagréments du présent. Roland Barthes a séparé dans les formes contemporaines d'expression : publicité, presse, photos d'hebdomadaires, des traces de scénarios mythiques pour les assimiler à des outils mensongers utilisés par la classe dominante pour imposer un modèle culturel.

Le mythe reste donc vivant dans le monde occidental moderne. Il est une construction sociale politique et économique qui a pour but de donner du sens à ce qui existe. Les pouvoirs s'y intéressent car il offre la possibilité de manipuler les consciences et la mémoire collective. Il a une fonction permanente, chaque événement nouveau vient renforcer le mythe institué, politique, économique, idéologique, religieux.

Peut-on vivre sans mythe ? Pour échapper à sa condition, dont il ne sait pas le pourquoi, et si peu le comment, l'Homme a toujours été attiré par le merveilleux ; il se plaît à supposer des phénomènes psychiques ou physiques dits paranormaux et des forces non identifiées qui seraient accessibles à une perception extra-sensorielle mystérieuse, que seuls quelques-uns posséderaient ! Beaucoup d'hommes du XXe siècle ont conservé une mentalité primitive et la croyance en la magie.

III - LA MAGIE ET LES SCIENCES OCCULTES

Les « sciences occultes » sont constituées par un ensemble de doctrines et de pratiques qui échappent à l'explication rationnelle et qui font intervenir des forces mystérieuses, magiques, surnaturelles. L'imagination et l'irrationalité y règnent plus que la raison. On appelle métapsychologie ou para-psychologie[1] une « nouvelle science » qui englobe tout ce qui se situe au-delà des phénomènes psychiques courants[2].

Bien qu'il soit difficile de classer les sciences occultes, car il y a entre elles des chevauchements et des interférences, nous les diviserons en quatre groupes.

1. L'émission et la captation de fluides

Un certain nombre de pratiques magiques presque aussi vieilles que l'humanité reposent sur la croyance selon laquelle certaines personnes auraient le pouvoir d'émettre un fluide grâce auquel, à distance, elles communiqueraient avec d'autres, et influenceraient leur esprit et leur corps, et plus encore grâce auquel elles agiraient sur des objets. À ce premier ensemble, se rattachent la télépathie, le magnétisme, l'hypnotisme, la télékinésie, la radiesthésie, et toutes les pratiques du guérissage fondées sur l'émission et la captation « d'ondes »...

L'homme émet-il un fluide auquel êtres et objets seraient réceptifs ? Les saints furent longtemps représentés comme nimbés dans un halo lumineux ; cela signifiait que de leur corps émanait une force surnaturelle ? Les organismes vivants émettent un rayonnement thermique qui dépend de leur température... mais sont-ils entourés, à la manière d'un cocon, par des champs magnétiques, sortes de nuages énergétiques ? Walter Kliner a découvert en 1911 qu'en regardant à travers des écrans de verre colorée, on peut distinguer une frange rayonnante électro-magnétique large d'une quinzaine de centimètres autour de tous les corps ; ce phénomène est à rapprocher du champ électromagnétique que les Mormyrides, poissons des rivières boueuses d'Afrique, projettent autour d'eux

---

1. Meta, du grec *meta* : « à la suite de », « au-dessus de ». Para, du grec *para* : « à côté de ».
2. M. Rouzé, *La Parapsychologie en question,* Hachette, 1976 ; L. Pauwels et J. Bergier, *Le Matin des magiciens,* 1960 ; H. Aubin, *Les Univers parallèles,* Présence, 1982.

et grâce auquel ils ressentent les altérations du potentiel électrique provoquées par tout ce qui le traverse. Semion Kirlian a affirmé en 1970 avoir photographié avec un appareil de sa fabrication « le corps vital » de plantes, d'animaux et d'êtres humains ?

Il faut se rappeler que le fonctionnement du cerveau et la contraction du cœur engendrent un champ électrique un million de fois plus faible que le champ magnétique terrestre, ce qui explique qu'on l'ait longtemps ignoré. Hans Berger découvrit en 1928 que le courant produit par les circuits du cerveau s'écoule en système d'ondes rythmiques : les rythmes électro-encéphalographiques fondamentaux correspondent soit à l'état de profond sommeil : rythme delta le plus lent, 1 à 3 cycles seconde, soit à l'état de veille : rythmes alpha 8 à 12 cycles seconde, ou bêta 13 à 22 cycles seconde. Les courants électriques du cerveau se mesurent en microvolts ; ils sont donc très faibles.

Même s'il y a émission de fluide à distance à partir de notre cerveau, ce qui est loin d'être prouvé, il faut ensuite admettre que ce fluide puisse être perçu. La perception des potentiels électriques cérébraux fait-elle partie des sens de l'homme ? Est-elle un sens possédé par certaines personnes ? Les parapsychologues admettent que certaines personnes douées d'un « sixième sens » sont capables de voir, de « percevoir » le halo, la nimbe qui envelopperait les corps. L'hypothèse selon laquelle au-dessus de l'état d'éveil existerait un niveau d'activité supérieur de « second éveil » qui procurerait une acuité perceptive élevée a été formulée ?

Il n'est pas aisé de mettre de l'ordre dans le fatras des phénomènes « psi ». Je distinguerais : 1. L'action sur des personnes : télépathie, magnétisme, hypnotisme. 2. L'action sur des objets : télékinésie. 3. L'action de certains objets sur l'esprit : radiesthésie. Le guérissage, la voyance et le spiritisme, qui sont aussi fondés sur la croyance aux fluides magiques, ont une telle importance qu'ils seront envisagés ensuite à part.

1) La télépathie

On appelle ainsi la transmission à distance « d'ondes de pensée » d'un individu à un autre sans support verbal, ni matériel, ce qui la différencie de la suggestion qui agit par relation directe. Elle est aussi à distinguer de l'association d'idée qui conduit deux personnes à penser la même chose en même temps, en résultat de leur expérience comparable, comme cela arrive souvent aux couples et aux jumeaux.

La télépathie de music-hall est une supercherie avouée, car elle repose sur des gestes ou des mots convenus entre l'illusionniste et le médium : façon de se tenir, de placer les mains, de poser les questions et, depuis la venue de l'électronique : minuscules émetteurs et microphones cachés reliés à des amplificateurs.

La transmission de pensée sans code convenu prétend franchir les distances comme les ondes électromagnétiques grâce à des formes d'énergie inconnues de la science. Ceux qui pour appuyer cette idée rappellent que les papillons se signalent à leurs congénères jusqu'à 11 km de distance commettent une erreur puisque ces insectes se servent de la production de phéromones et de leur odorat, et non de l'émission et de la captation d'ondes par un moyen extrasensoriel…

Aussi loin que l'on remonte dans l'histoire, on rencontre les récits de faits merveilleux apparentés à la parapsychologie. La crédulité, la superstition furent de tous les temps. Elles sont actuelles puisque l'étude des phénomènes paranormaux prétend au rang de science.

En 1882, a été fondée à Londres une « Society for Psychical Research » dans le but d'examiner la nature et l'étendue de l'influence qu'un esprit peut exercer sur un autre en dehors de tout mode de perception généralement reconnu. D'autres groupes furent constitués en Europe, dès la fin du XIXe siècle. En 1923, Charles Richet publia un traité de métapsychie dans lequel il fut le premier à introduire le calcul des probabilités pour éliminer le facteur hasard. Actuellement, des centres de recherches officiels de parapsychologie existent en plusieurs pays.

Nombreux sont ceux qui rapportent des faits apparemment troublants de prise de conscience de décès ou d'accident grave. Un exemple typique rapporté par M. Boll[1] est celui raconté par Guy de Maupassant dans *Le Père Milon* : une nuit, un enfant de pêcheur se réveille en sursaut et crie : « Mon pè est mort à la mè ! » Un mois après, on apprenait la mort du père enlevé par une vague à la même date. Télépathie ? Non, car dans cette population où les drames de la mer sont, et surtout étaient, fréquents, l'obsession en est permanente. On oublie le rêve quand il ne coïncide pas avec la réalité ; on s'étonne si par hasard il correspond à elle... Chacun se souvient de pressentiments qui se sont réalisés et se tait sur ceux qui sont restés sans confirmation ; c'est ce qui se passe aussi pour les prophéties, pour les miracles, pour les guérisons par thaumaturge... « La multitude de cauchemars qui chaque nuit visite les cervelles dans une ville endormie est telle que, statistiquement, un certain nombre correspond à la réalité et constitue autant de cas de télépathie. Ce raisonnement fait la part belle aux parapsychologues, car la probabilité statistique est fortement améliorée par le fait que nos rêves puisent leurs éléments dans la vie réelle » (Michel Rouzé).

Des expériences de télépathie ont été réalisées en plusieurs pays. En URSS, L. Vassiliev[2], dans un ouvrage traduit en français, rapporte de nombreux faits de transmission de pensée et formule des hypothèses sur la nature physique de la force télépathique : il conclut à une « énergie de nature inconnue »... L. Vassiliev, présenté par le traducteur comme un très éminent savant auréolé du prestige de la science soviétique, est en fait vigoureusement critiqué en URSS. Aux États-Unis, une histoire de télépathie « transaquatique » a fait beaucoup de bruit il y a quelques années : un sous-marin atomique de la marine de guerre américaine « Le Nautilus » était en plongée. Un observateur aurait perçu par transmission de pensée des images de dessins géométriques sur lesquelles se serait fortement concentré un correspondant sis à 2 000 km de là, sur la terre ferme. Un pourcentage de réponses exactes plus élevé que celui admis par le calcul des probabilités fut jugé sensationnel. Tous les télépathes du monde et souvent des personnes très sérieuses crurent le fait indiscutable et conclurent qu'on avait là la preuve de la possibilité pour deux cerveaux humains de communiquer à distance. Une enquête faite deux ans plus tard par des journalistes découvrit que l'expérience n'avait jamais eu lieu et qu'à l'époque en question le Nautilus, au lieu de se trouver en plongée dans l'Atlantique, était en cale sèche à Porthmouth. En France aussi existent des centres de recherches. Rémy Chauvin, spécialiste des abeilles et des fourmis, fait des expériences de télépathie sur des souris[3]. Des physiciens et des parapsychologues réunis à Genève en présence d'Arthur Koestler[4] ont tenté de rapprocher la parapsychologie des sciences physiques... !

La télépathie n'a jamais été prouvée de façon indiscutable. Un certain nombre de questions se posent : pourquoi la perception extrasensorielle serait-elle apparue dans l'Évolution ? Est-elle particulière à l'Homme ? Un lien télépathique existe-t-il entre les membres d'un même espèce ? Existe-t-il chez les Insectes

---

1. M. Boll, *L'Occultisme devant la science*, PUF, 1947.
2. L. Vassiliev, *La Suggestion à distance,* Vigot, 1963.
3. R. Chauvin, *La Parapsychologie ou quand l'irrationnel rejoint la science*, Hachette, 1981.
4. A. Koestler, *Les Racines du hasard*, Calmann-Lévy, 1972.

sociaux : termites, abeilles, fourmis, dont les colonies sont comparables à un organisme unique doté d'un esprit commun ? Les stimulations chimiques jouent en réalité dans ce cas un rôle important dans la transmission.

2) Le magnétisme - L'hypnotisme

Une pensée, un acte ou un état physique ou physiologique imposés par simple stimulation psychique, sont à rapprocher de la télépathie, avec toutefois cette différence capitale que l'influence ne se fait pas à distance. Une des plus parfaites manifestations est l'action sur la douleur ou sur des troubles fonctionnels.

L'esprit humain est très suggestible. L'extase religieuse expliquerait l'abolition de la douleur chez les martyrs. La confiance au médecin, à la médecine ou au guérisseur, aide à la guérison. La suggestion va jusqu'à créer. H. Aubin raconte que J. L. Magneron annonce à son public que, pour détecter les odorats les plus fins, il va déboucher un bocal d'où se dégagera une vapeur qui pourrait être irritante, et il conseille à ceux qui commencent à être incommodés de quitter la pièce ; des personnes s'agitent, se lèvent, sortent et bientôt la salle est vide ; or le liquide était de l'eau. Dès qu'ils posent leurs pieds sur un bateau encore à quai, certains ont le mal de mer alors que rien ne bouge. Des crises d'asthme provoquées par la vue et l'odeur de certaines fleurs sont déclenchées par des fleurs artificielles inodores...

Le magnétisme exerce depuis longtemps une fascination sur l'homme. Les phénomènes magnétiques ont été découverts en Chine il y a plusieurs milliers d'années : un morceau de « pierre d'aimant » (oxyde de fer : la magnétite) posé sur la pointe d'une aiguille s'oriente toujours dans la même direction ; de là est née la boussole. Depuis l'Antiquité, chez les Chaldéens, les Égyptiens, les Grecs, les Chinois, et plus tard chez les Arabes, on s'intéressait aux mystères de l'aimant auquel on attribuait des influences tantôt funestes, tantôt bénéfiques.

Le XVIIIe siècle qui a célébré la raison a connu des foisons de maîtres de l'occultisme. On commençait alors à parler de science sans bien savoir ce qu'il en était de ses limites et de ses pouvoirs. Dans toute l'Europe, régnait la misère, l'inquiétude et l'agitation sociale ; les aventuriers étaient nombreux. Le prêtre Gassner, dont la renommée s'étendit très loin, recourait à des formules d'exorcisme et aux prières prescrites par l'église. Friedrich-Anton Mesmer (1734-1815) présentait à Vienne une thèse de doctorat en médecine intitulée *De inflexu planeterium in carpus humanum* dans laquelle il affirmait que des planètes influencent le corps humain et que le magnétisme représente la propriété d'un organisme sensibilisé par l'action des planètes. Il exerça à Vienne puis à Paris en 1778. Sa théorie partait de quatre types d'explications : le magnétisme animal, dont il était convaincu être pourvu et qu'il prétendait pouvoir diriger et communiquer par contact ou à distance, l'utilisation d'une explication rationnelle de son fluide subtil par analogie avec la théorie newtonienne de la gravitation universelle, les premières découvertes sur l'électricité et enfin la théorie des crises selon laquelle « à mesure que l'on provoquait des crises chez un malade, elles devenaient de moins en moins violentes ». Mesmer ouvrit en 1778, place Vendôme, une étonnante et somptueuse « clinique » de magnétisme ; il recevait vêtu d'un costume couleur lilas, tenant une baguette de verre, sous des effets d'éclairage, de musique et de parfum. Il se servait d'abord de l'aimant et de « passes magnétiques » générales ou localisées qu'il pratiquait avec les mains tout en fixant sur le patient son « regard magique ». Il ne put bientôt suffire à la demande. C'est alors qu'il inventa son célèbre baquet magnétique autour duquel s'alignaient les malades qui étaient souvent personnages de qualité. Assis autour du baquet, ils tenaient chacun une tige métallique dont ils appliquaient l'extrémité sur l'endroit douloureux. Mesmer eut une succès prodigieux et obtint évidemment des résultats chez des névrosés. Six ans après son arrivée en 1784, il dut pourtant quitter Paris pour s'installer comme simple praticien en Suisse. Un rapport écrit par une commission royale composée de membres de l'Académie des Sciences dont Jussieu, Lavoisier, Bailly et Benjamin Franklin, ne validait aucune de ses affirmations et démasquait la supercherie. À la même époque, Giuseppe Balsamo, qui se faisait appeler comte de Cagliostro (1743-1795), médecin né à Palerme, fut le plus connu de ses nombreux émules et imitateurs ; habile charlatan, il eut un vif succès à la cour de Louis XVI ; entre autres secrets dont celui du magnétisme et de l'envoûtement, il prétendait détenir celui de l'élixir de longue vie. De nombreux magnétiseurs pratiquent encore aujourd'hui et en tous pays ; parmi eux, il y a beaucoup de charlatans.

L'hypnose, malgré son nom qui en grec signifie sommeil, n'est pas un sommeil ; l'électroencéphalographie en fournit la preuve. Elle n'est pas non plus une perte de conscience puisque le sujet reste éveillé. Ce n'est pourtant pas un état de veille, ni de rêve. Pendant l'hypnose, le sujet est coupé du monde extérieur ; il est réceptif non plus aux stimulations sensorielles mais à la suggestion ; il se soumet à la volonté de l'hypnotiseur. L'hypnose associée à la relaxation, la respiration contrôlée et la régulation active du tonus, est appelée sophrologie.

On observe chez les animaux des états proches de l'hypnose. Ils s'immobilisent parfois, médusés par la terreur ; des serpents fascinent leurs proies, des petits oiseaux par exemple. L'immobilisation et l'hypnose sont parfois appelées catatonie, catalepsie, akinésie, transe. Stephan Black a émis l'hypothèse du début de la vie est un réflexe conditionné ; le fœtus, pendant son séjour dans l'utérus, est immobile, serré, en position recroquevillée ; il entend les battements rythmés du cœur maternel ; après la naissance, il est calmé lorsqu'il retrouve la même position, serré contre le sein de sa mère, qu'il entend son cœur, ou un métronome, ou le balancement de son berceau au même rythme que le pouls (70 par minute). Ainsi s'expliquerait aussi l'effet hypnotique de la musique cadencée monotone.

On appelle « hypnotisme de masse » l'état de tension et de suggestion dans lequel se trouve un auditoire lors d'une séance de magie, d'une réunion politique ou d'une prédication religieuse. L'individualité est détruite ; elle se satisfait d'images rudimentaires au détriment de la logique. Il existe alors une sorte de contagion... c'est l'histoire des moutons de Panurge, des troupeaux d'oies ou de pintades : quand l'un s'envole et crie, les autres l'imitent ; c'est le cas des foules fanatisées qui hurlent et qui tuent alors que les individus qui les composent n'auraient d'eux-mêmes jamais eu recours à la violence ; c'est le cas des sectes...

Philippe Theophraste Bombast Von Nohenheim, dit Paracelse (1493-1541) paraît avoir été un des premiers médecins à avoir recours à l'hypnotisme. Sa médecine était à base d'alchimie et d'astrologie : il y avait correspondance entre les symptômes et les astres[1] ! Il fut aussi un des précurseurs de l'action psychologique : « Le caractère du médecin peut influer sur la guérison du malade plus qu'un remède quelconque ».

Des éducateurs, des policiers, des médecins ont utilisé l'hypnose. Parmi ces derniers : J.-M. Charcot (1827-1893) a étudié les relations de l'hypnose et de l'hystérie. H. Bernheim (1837-1919) utilisa l'hypnotisme pour soigner des affections du système nerveux, puis l'abandonna considérant que les effets

---

1. Paracelse, *De ente astrorum, De l'entité des astres.*

obtenus pouvaient l'être tout aussi bien par la suggestion à l'état de veille, méthode qu'il appela dès lors « psychothérapie ».

Les travaux sur la suggestion et sur l'hypnose ont ouvert la voie au concept d'inconscient que Sigmund Freud (1856-1939) théorisa. Il vint à Paris en 1885 faire un stage auprès de Charcot au moment où l'on pratiquait l'hypnose ; il fit ses premières psychanalyses sous hypnose et analysa la suggestion posthypnotique ; il abandonna lui aussi l'hypnotisme lorsqu'il s'aperçut que la psychanalyse était d'un meilleur rendement. La psychanalyse postule pour expliquer les faits psychiques obscurs un déterminisme inconscient qui se dévoile aux défauts de la conscience (rêves, hypnose…).

L'hypnose est encore pratiquée dans un but anti-algique en odontologie, en obstétrique ; elle agit sur la composante émotive de la douleur plus que sur la douleur elle-même ; pour en bénéficier, il faut certainement être réceptif à la suggestion. Elle est aussi pratiquée dans la psychothérapie des maladies psychosomatiques et des toxicomanie, tabac, alcool, drogues dures. Dans un état de demi-conscience, les patients sont plus suggestionnables… La thérapeutique sous hypnose reste marginale. L'usage qu'en ont fait les médiums et les bateleurs de foire, a jeté sur elle un discrédit (voir page 47).

La suggestion, le magnétisme et l'hypnotisme sont à rapprocher des pouvoirs extraordinaires des fakirs et des yogis orientaux. Les premiers voyageurs revenus des Indes racontèrent leurs prouesses. Aux environs de 1920, le fakirisme connut en France une grande vogue. Th. Brosse, collaboratrice du Professeur Laubry, alla aux Indes étudier les yogis et constata qu'ils arrivent à ralentir leur rythme cardiaque. On a depuis relevé, lors de certains états de transe ou de méditation transcendante des variations des rythmes électroencéphalographiques. Sur le plan physiologique, il faut aussi retenir l'étonnant pouvoir de certains Yogis d'aspirer de l'eau dans la vessie par la verge ou dans l'intestin par l'anus… Les fakirs de music-hall prétendent agir non seulement sur eux-mêmes : catalepsie, immobilité, insensibilité à la douleur, mais aussi sur les êtres vivants hommes ou petits animaux, sur des plantes ou sur la matière… Le contrôle de ceux qui ont bien voulu s'y prêter a découvert que beaucoup de ces pouvoirs appartiennent plus au domaine de la fantaisie pure et de l'illusionnisme que de la réalité. L'imagination joue un grand rôle.

3) *La télékinésie ou psychokinésie*

La télékinésie ou psychokinésie est l'action à distance par le seul « fluide » non plus sur l'esprit ou le corps d'un homme, mais sur la matière inanimée. Littéralement, c'est la faculté de faire mouvoir les objets à distance.

En 1934, en Caroline du Nord, un jeune garçon prétendit pouvoir commander la chute des dés selon sa volonté. En 1967, une ménagère de Léningrad déplaçait les aiguilles d'une boussole en tendant sa main au-dessus et par le seul effort de tension mentale. Le cas le plus souvent rapporté est celui étudié par des chercheurs soviétiques : Nelya Mikailova et Alla Vinogradova auraient eu le pouvoir de déplacer les objets par leur seule volonté ; la première les attirait, la seconde les repoussait. Pendant les expériences, elles auraient dépensé une quantité énorme d'énergie !

Du même ordre est la « photographie spirite » qui est l'impression de plaques photographiques par la seule volonté. Vers 1910, un Japonais Tomokitchi Foukourai serait parvenu à obtenir le transfert direct d'images mentales sur des plaques photographiques. En 1964, Ted Serios aurait, en regardant fixement un appareil photographique, produit les images reconnaissables d'objets qu'il avait vus réellement ou en photographie et qu'il avait emmagasinés dans son inconscient et modifiés par l'imagination... On appela cela la penséographie !

Le dernier cri de l'action à distance sur la matière inanimée est la torsion d'objets métalliques. Uri Geller, un israélien de 25 ans, retint l'attention du monde entier les années 70 ; il prétendait par le simple jeu de son regard tordre clefs, couteaux, cuillers et barres d'acier, dévier les aiguilles des boussoles, élever la température d'un thermomètre, stopper un ascenseur entre deux étages... Une émission télévisée bouleversa des milliers de téléspectateurs. Par malheur, les mille magiciens que compte la France déclarèrent qu'ils pouvaient en faire autant et surtout l'illusionniste américain James Randi révéla les procédés par lesquels Geller obtenait ses effets paranormaux ; ce fut la fin. Son émule J.-P. Girard ne fut guère plus heureux. Lors des tests qu'il subit le 29 septembre 1976 en présence des Professeurs L. Leprince-Ringuet et Trillat, membres de l'Académie des Sciences, rien ne se produisit de paranormal. En juin 1977, J. Randi, D. Davies et Ch. Evans, tous trois membres du « Comité créé aux États-Unis pour l'examen scientifique des phénomènes prétendus anormaux » (C.S.I.C.P.), sont venus tester Girard pendant plus de trois heures dans un essai de psychocinèse, rigoureusement contrôlé, qui échoua : rien ne fut tordu, rien ne se déplaça mystérieusement. Leur rapport qualifie les « miracles » de Girard de simples tours de passe-passe et conclut qu'il « est un illusionniste, rien de plus ». J.-P. Girard s'est dérobé à un contrôle que H. Gastaut devait lui faire subir pour tester ses « merveilleux pouvoirs »... D'autres ont constaté que J.-P. Girard exige de ne pas être inhibé par une assistance trop sceptique, que les contrôles ne soient pas trop contraignants et que les expériences se déroulent dans l'ordre qu'il a choisi... Gérard Majax raconte dans son livre[1] comment il connut J.-P. Girard dans les milieux d'illusionnistes et comment ils avaient décidé de simuler des phénomènes paranormaux dans le but de tromper des savants ; il en découvre au lecteur tous les trucs.

Rémy Chauvin[2] admet que tout système, mécanique ou électronique, peut être influencé par la faculté psi que possèdent certains sujets... Il envisage la « démonstration du phénomène psi » et déclare qu'une « application est en vue... » ! « Deux de mes neveux, écrit-il, doués de certaines possibilités, ont réussi à agir sur un dispositif électronique, en l'occurrence un compteur Geiger ; les chiffres inscrits sur le tableau se modifient en hausse ou en baisse. En aucun cas, mes neveux ne pouvaient agir sur la désintégration atomique, l'action doit se situer au niveau des noyaux d'émission ». D'où vient cette énergie bizarre ? « À mon point de vue, du système nerveux dont les possibilités restent encore mal connues » déclare R. Chauvin. Réponse qui n'en est pas une car, en effet, si le phénomène existe, d'où pourrait-il venir si ce n'est du système nerveux ?

Les « phénomènes » sensationnels suivent chaque fois la même évolution ; la nouvelle s'étend, le succès journalistique l'amplifie, on accourt de partout, on s'émerveille ; l'imagination et la passion en ajoutent ; on fait des déclarations à la presse, à la télévision, puis subitement tout s'évanouit et bientôt se tait, non sans avoir fait des victimes.

Dans les remous provoqués par les affaires Geller et Girard, un « Comité français pour l'étude des phénomènes paranormaux », comparable à celui qui existe aux USA, a été créé en 1978 ; il est composé de chercheurs, d'universitaires et de journalistes scientifiques ; il s'est donné pour but de faire entendre la réalité des faits. Il a pris une initiative humoristique : l'institution d'un prix

---

1. G. Majax, *Le Grand Bluff. Les Escrocs de la parapsychologie,* F. Nathan, 1978.
2. R. Chauvin, *Quand l'irrationnel rejoint la science,* Hachette, 1980.

annuel dit « prix du Roi des mages » destiné à récompenser « le scientifique qui aura le mieux divagué dans les sentiers du paranormal ». Son premier prix a été attribué à Olivier Costa de Beauregard connu pour ses travaux de physique théorique qui soutient que les formules de la mécanique quantique impliquent que l'on puisse « télégraphier dans l'ailleurs » et authentifient ainsi les pouvoirs « psi » des voyants extralucides. Le lauréat fut invité à poursuivre sur le plan expérimental des recherches si brillamment développées sur le plan de la théorie.

4) La radiesthésie

La radiesthésie, mot inventé par l'abbé Bonly à la fin du siècle dernier, est la sensibilité et réceptivité particulière aux radiations qui seraient émises par certains corps. La manipulation de baguette faite d'un bois particulier (rhabdomancie) ou de pendule (crémastomancie), augmenterait cette sensibilité et aiderait à découvrir des sources ou des courants d'eau souterraine. L'art des sourciers est la « sourcellerie ». Des physiciens, parmi lesquels Yves Rocard[1], admettent que le signal perçu par les sourciers est déclenché par une variation du champ magnétique terrestre ; la position de la baguette se modifie lorsque l'opérateur traverse cette variation qui ne correspond pas forcément à un point d'eau mais qui traduit l'hétérogénéité géologique du terrain allant souvent de pair avec des failles où s'infiltre l'eau ; un magnétoscope à résonance magnétique enregistre une modification là où se déclenche le signal. La sensibilité au gradient du champ magnétique terrestre est plausible. Louis Néel (prix Nobel de physique 1970) plaide pour une approche rigoureuse et sans parti-pris de la « sourcellerie ». Des animaux se couchent à certains endroits et dans certains sens plutôt qu'en d'autres ; le chien et le chat cherchent avec grand soin leur lieu de repos ; des personnes déclarent ne bien dormir que lorsque leur lit est placé dans une certaine direction… ?

La radiesthésie peut devenir divinatoire lorsqu'elle s'étend à la recherche des objets perdus, des trésors, des personnes disparues, des cadavres, des organes malades… Le propriétaire d'un objet laisserait sur cet objet un « flux » que certains seraient capables de capter. Ils pourraient remonter ainsi à la personne, reconnaître ses particularités. À partir d'une clef par exemple, on devinerait non seulement quelles sont la serrure et la porte, mais aussi quelle est la maison et quels sont ceux qui y habitent ! Il y a dans les rangs des radiesthésistes de nombreux imposteurs qui exploitent la crédulité et abusent des personnes dénuées d'esprit critique, prêts à tout « avaler ».

M. Boll donne plusieurs exemples démontrant l'inanité de leur prétention. Dans une revue appelée les « Études », le R.P. Frédéric de Belinay prétendait en 1932 déceler « tout ce qu'on peut concevoir de matériel ou de physiologique : toutes richesses souterraines, eaux, charbon, pétrole et métaux ; avions tombés dans les steppes ; canons camouflés dans un bois ; sous-marins en plongée ; bancs de morues fuyant la flotille des pêcheurs ; trésors des Incas ; tombes quaternaires ; début sournois du cancer ; colonies microbiennes ; notaires en fuite… » ! Incroyable mais vrai !! Après un vol d'auto, raconte encore M. Boll, on consulta deux sourciers renommés ; l'un dit la voiture est dans les Alpes, l'autre dans le Jura. Au même moment, on la retrouvait à Saint-Étienne. Si l'on avait interrogé vingt radiesthésistes, l'un deux serait tombé sans doute à peu près juste… et on n'aurait retenu que celui-là.

Il y a plus : la radiesthésie à distance ou téléradiesthésie prétend qu'avec un pendule posé sur une carte d'état-major on peut identifier les épidémies, une

---

1. Y. Rocard, *Le Signal du sourcier,* Dunod, 1963.

troupe de soldats, le cadavre d'une victime... trouver l'endroit où un homme se cache, où est un enfant perdu, où se terre un gibier... dire sur une photo si les perles d'un collier sont vraies ou fausses... donner le tiercé... L'abbé Mermet, avec une carte et un pendule, découvrait des sources en Australie, soignait des maladies aux antipodes, retrouvait un disparu dans n'importe quelle partie du monde, prévoyait le temps, les récoltes, disait avant le mariage combien le couple aurait d'enfants... !

Le plus souvent, si plusieurs radiesthésistes sont consultés, les avis diffèrent ; les échecs sont passés sous silence ou toujours expliqués par des irradiations contraires ou des « ambiances hostiles » et seuls les résultats exacts (par simple coïncidence) sont retenus et rappelés à toutes occasions. Une réussite ne prouve rien tant qu'on ne connaît pas le pourcentage des échecs.

Les sourciers sérieux sont rares ; ce sont généralement des hydrogéologues qui connaissent les points où l'eau peut s'accumuler en nappes souterraines. Les charlatans sont nombreux qui étendent la radiesthésie à tous les domaines et proposent des interprétations les plus farfelues.

La croyance à l'émission et à la captation de fluide est vieille comme l'Homme. La particularité de notre époque est qu'on n'y rencontre pas seulement des magiciens mais d'authentiques scientifiques. Une émission de télévision a laissé entendre que l'Université a intégré la parapsychologie ; des « universitaires », un Russe et deux Français, parés de faux titres, y ont participé et ont présenté de prétendues preuves de télépathies, de psychokinésie et autres sornettes. La croyance à la parapsychologie est aussi une sorte de revanche de l'ignorant ; plus besoin d'étudier la physique pendant des années pour comprendre les phénomènes les plus mystérieux et, réciproquement, quelle satisfaction de démontrer que le physicien officiel ne comprend rien à ce qu'on a « compris ». Nous retrouvons cette idée plus loin.

2. Les guérisseurs

Le don de guérir fut d'abord l'apanage des dieux, des prêtres, des rois, des chefs, à qui on accordait un pouvoir magique... Ce don est devenu chose banale si l'on en juge d'après le nombre de ceux qui prétendent vaincre la maladie hors la médecine : plusieurs dizaines de milliers en France !

Pour les premiers groupes humains, les forces extérieures : éléments déchaînés, animaux sauvages, douleur, maladie, mort, représentaient les manifestations et la punition de mauvais esprits invisibles, surnaturels ; en proie à la peur engendrée par l'ignorance, ils s'adressaient aux divinités, aux démons et se livraient à des pratiques magiques. Plus tard, les populations à la merci des guerres, famines, pillages, épidémies... se confièrent à ceux qui prétendaient lutter contre les forces maléfiques : jeteurs de sort, sorciers, magiciens... De nos jours, des personnes pourtant sensées et instruites croient encore aux dons surnaturels et font confiance à ceux qui se prétendent dépositaires de secrets et de pouvoirs souverains.

« Vraiment les gens capables de juger en quoi que ce soit ne sont pas les plus nombreux » a écrit Trousseau qui racontait l'histoire suivante : « M. de Sartines dit à un charlatan qui débitait son orviétan sur le Pont-Neuf et faisait de belles affaires : "Maraud, comment fais-tu pour attirer tant de monde et gagner tant d'argent" ? L'homme répondit : "Monseigneur, combien croyez-vous qu'il passe de gens sur le Pont-Neuf chaque jour ? – Je ne sais pas. – Je vais vous le dire : dix mille à peu près. Combien pensez-vous qu'il y ait de gens d'esprit sur ce nombre » ? – Oh ! Oh ! cent peut-être, dit M. de Sartines. – C'est beaucoup, mais je vous les laisse et je prends les neuf mille neuf cents autres pour moi.

1) Pourquoi y a-t-il autant de guérisseurs ?

– Une première raison est que beaucoup se croient aptes à discuter de la médecine ; les livres, la presse, la télévision, expliquent les problèmes médicaux. Ses progrès bouleversants, ses victoires sur de nombreuses maladies dans les dernières décennies suscitent l'admiration et la confiance et accréditent l'idée que la science peut venir à bout de tous les maux. La déception qui découle de la constatation de ses limites incite à faire appel aux guérisseurs, supposés possesseurs d'un mystérieux pouvoir et de merveilleux secrets. « Ce qui est le moins connu est le plus cru » (Montaigne).

– Le médecin a perdu de son prestige. Pris par la technicité et les tâches administratives, il consacre moins de temps au dialogue, au contact humain, à l'action psychique et affective. Le recours au guérisseur marque souvent l'échec de la relation avec le médecin soit par l'effet de la distance culturelle introduite par le langage médical technique ou par celui de la distance humaine.

– De nombreuses maladies sont à point de départ psychique. Des malades sont atteints par de simples troubles fonctionnels et non par des maladies organiques ; les guérisseurs trouvent là un bon terrain.

– La suggestion accompagne tout acte thérapeutique. Ce qu'on appelle l'effet « placebo » constitue une sorte d'énigme. Le mot signifie littéralement « je plairai » (futur du verbe latin *placere* : plaire). En fait, on entend dans ce terme beaucoup plus que dans son sens étymologique. Il a d'abord été utilisé dans le vocabulaire religieux (placebo est le premier mot d'un verset du Psaume 114 de la « Vulgate[1] ») et dans le vocabulaire laïque il désignait à la fois l'homme flatteur et la flatterie ; le terme de placebo est apparu dans le langage médical à la fin du XVIIIe siècle. Pendant un temps, il a qualifié toute médication prescrite davantage pour plaire aux malades que pour lui être utile. Ce n'est que plus tard qu'il a pris la signification actuelle ; l'effet placebo correspond aux modifications de l'état d'un patient auquel est administré un corps qui ne peut pas être distingué à l'œil nu d'un vrai médicament mais qui ne contient pas de produit actif ou supposé actif. Dans des essais thérapeutiques dits contrôlés, il atteindrait 30 % des cas. Un fort pourcentage de malades se disent soulagés par un placebo administré à leur insu à la place de la morphine. Des résultats positifs sont obtenus dans des troubles hypertensifs, migraineux, gastriques, asthmatiques, cutanés… Les sujets émotifs, anxieux, influençables sont les plus réceptifs. Tout médicament est lui-même porteur d'un effet placebo qui n'est pas dû à ses propriétés chimiques ; le nom, la présentation, la nouveauté, surtout s'ils viennent de l'étranger, la confiance que le médecin inspire à son malade, interviennent.

2) La classification des guérisseurs

1/ Dans certains pays où il y a peu de médecins, des guérisseurs pratiquent ce qu'on appelle la médecine traditionnelle. En Chine, la révolution de 1949 a maintenu et même encouragé les éléments valables de la médecine chinoise dite traditionnelle. Une grande partie de l'art des guérisseurs a été conservée et des principes élémentaires de médecine préventive et d'hygiène ont été compris dans la formation des jeunes travailleurs médicaux à temps partiel appelés « médecins aux pieds nus » ; ils jouent le rôle de travailleurs sanitaires primaires. En Inde, il

---

1. La Vulgate, nom de la traduction latine de la Bible, due à Saint Jérôme et adoptée par le Concile de Trente.

n'existe pas de barrière entre médecin et guérisseur ; les disciples de la médecine hindoue traditionnelle sont initiés dans le plus grand secret par des maîtres qui ont le « pouvoir ». En Afrique, le guérisseur traditionnel est un élément de la « culture ». Tous les villages ont leur magicien. En Centre-Afrique, il y a un médecin pour 30 000 habitants et un guérisseur pour 500. Les guérisseurs sont souvent spécialisés : certains soignent par les plantes, d'autres sont rebouteux, sages-femmes de village, « psychiatres » traditionnels, spécialistes des morsures de serpent ou de scorpions ; sorciers, féticheurs, exorcistes demandent aux génies d'éloigner le mauvais sort. Dans les Amériques : au Chili, en Colombie, au Guatemala, au Mexique et au Pérou et même aux États-Unis, parmi les Indiens Navajos de l'Arizona et du Nouveau-Mexique, des guérisseurs soignent par les plantes, par les incantations et par les exorcismes pour chasser les mauvais esprits. Dans les Andes péruviennes, un village Salas, surnommé « l'université de sorcellerie » ne compte pas moins de 300 sorciers sur 1 800 habitants. On y accourt de nombreux points du pays pour se faire soigner.

Pour beaucoup de populations rurales du monde, les guérisseurs traditionnels sont des sortes de travailleurs sanitaires « de première ligne » ; les gens s'adressent d'abord à eux. Ils interviennent aussi comme conseillers dans les cas de difficultés conjugales ou familiales. Ils sont consultés au sujet des catastrophes : famine, sécheresse, inondation ou épidémie…

2/ Dans les pays où au contraire les médecins sont nombreux, où l'on dispose de tous les moyens de soigner et de guérir, la croyance dans la possession de dons magiques s'est pourtant maintenue. Les guérisseurs sont très nombreux en Occident. En France, comme les « voyantes » ou « astrologues », ils paient une taxe municipale de magnétiseur ou de radiesthésie. Ils sont inscrits dans des organisations professionnelles où ils n'entrent qu'après enquête sur leur moralité satisfaisante ; la publicité leur est interdite[1].

1. Il y a d'abord les guérisseurs dont les pratiques sont immatérielles et peuvent être appliquées à distance. Du pendule à l'imposition des mains, elles invoquent des fluides et des radiations. Rien n'a changé depuis l'oracle du temple d'Épidaure il y a deux mille ans et depuis le baquet de Messmer il y a 200 ans (voir page 38). Le roi de France touchait les écrouelles par centaines : « Sois guéri, le roi te touche ». François Ier faisait son métier de roi revêtu d'une ample robe blanche à fleurs de lys avec un sérieux et une grande patience ; il devait être à jeun et officiait pendant des heures debout.

Nombreux sont ceux qui croient aux pouvoir des guérisseurs magnétiseurs. L'astrologue cherche la cause des maladies et des prescriptions dans les astres. Dans un traité de « Médecine astrologique », la note de présentation parle de périodes favorables ou défavorables, de l'influence de la position des astres dans les hauts et les bas de chacun de nous. Le guérisseur radiesthésique fait des diagnostics en utilisant baguette ou pendule sur le malade ou sur sa photographie, sur une mèche de cheveux, des ongles, un objet quelconque ayant appartenu à la personne, une fiole d'urine, une radiographie. « Ayez toujours à votre portée votre pendule, lisait-on dans un cours de « radiesthédie miracle » pour savoir si tel ou tel aliment vous convient : un bon plat fait tourner le pendule à droite, un mauvais plat à gauche ; un plat indifférent le fait battre… » Voilà qui paraît bien pratique pour éviter l'empoisonnement… par les champignons par exemple. Des guérisseurs fameux déplacent des foules… La Russie des tsars connut le faux moine Raspoutine qui prétendait guérir les malades par le contact physique de son corps, ce qui lui permit de satisfaire ses appétits sexuels. La tsarine

---

1. D. Friedman, *Les Guérisseurs*, A. M. Metaille, 1981.

Alexandra Fedorovna lui confia le tsaverich atteint d'hémophilie. À Moscou, Euguenia Iouvachena Davitachvili dite Djouna, qui était la guérisseuse préférée de Brejnev, tenait une clinique de para-psychologie. L'âme slave confond, paraît-il, le rêve et la réalité... ? On dénombre huit cents guérisseurs à Moscou et quelques cinquante mille en Russie. L'occultisme, la parapsychologie, la transmission de pensée, la sorcellerie, les tables tournantes... ont pourtant été rejetés par le marxisme-léninisme comme étant des fantaisies de l'esprit bourgeois décadent.

2/ Dans une deuxième catégorie, les guérisseurs usent de remèdes secrets « merveilleux » : pommades, plantes... Cleve Bockster affirme que les plantes ont une âme, qu'elles entendent la voix humaine, qu'elles souffrent et crient même ; elles vivent toutefois selon des rythmes différents de ceux des hommes. M. Bayon[1] rapporte quelques exemples du maniement habile de subterfuge : l'un d'entre eux est particulièrement remarquable d'ingéniosité ; pour traiter l'obésité, un guérisseur préconisait l'administration de deux capsules : la prise de la première qui contenait... des œufs de ténia, précédait de deux ou trois mois celle de la deuxième capsule qui contenait... un taenicide.

Une supercherie fut celle des « chirurgiens aux mains nues Philippins ». Il s'agissait simplement d'illusionnistes. Les substances soi-disant extraites sans ouvertures, sans cicatrice, dématérialisées et rematérialisées dans les doigts du praticien, n'appartenaient pas à l'humain mais à un animal marin. Voilà qui rappelle l'opération de la « pierre de tête » qui était pratiquée dans les Flandres : le guérisseur faisait une incision du cuir chevelu, y mettait et en retirait très rapidement un caillou ensanglanté sensé être la folie. L'évidence de la supercherie des « chirurgiens » philippins démontrée, beaucoup n'en continuèrent pas moins à faire le long et coûteux voyage vers les Philippines ou à aller consulter leurs émules européens. Le public n'est pas suffisamment informé des suites malheureuses bien prévisibles ; un enfant belge de quatre ans prétendu guéri n'a plus été montré aux médecins au retour des Philippines et est mort sans soins.

La chanteuse Rika Zaraï a obtenu un succès de vente considérable avec son ouvrage *Ma médecine naturelle* : un million et demi de lecteurs. Elle se répandit sur les ondes et donna des conseils de santé au téléphone. Ses recettes sont dans l'ensemble de simple bon sens et même de médecine préventive classique : vivre au contact de la nature (naturopathie), régime végétarien, tisanes... Elle ajoute la pratique répétée du bain de siège « qui accélère l'évacuation des déchets et renforce en douceur les immunités naturelles du corps... »

Certains guérisseurs, conscients de leur impuissance, ne suppriment pas le traitement instauré par le médecin. Leur position est confortable car ils se mettent à l'abri des poursuites judiciaires en cas d'aggravation, et ils tirent avantage de toute amélioration ou guérison.

Des sommes considérables sont versées aux charlatans et aux illégaux qui pourtant sont responsables de milliers d'infirmités et de maladies passées à la chronicité et devenues incurables. Tous les médecins connaissent les désastres dus au fait que les guérisseurs ont laissé évoluer des maladies curables ou que des rebouteux ont aggravé une maladie osseuse ou provoqué un effondrement vertical.

Le traitement de la maladie par un non médecin est un délit correctionnel depuis la loi du 30 novembre 1893. L'établissement d'un diagnostic par un empirique est pénalement répréhensible depuis une ordonnance de 1945. L'exercice illégal de la médecine est puni par des amendes et, en cas de récidive,

---

1. M. Bayon, *La Légende dorée des guérisseurs*, 1967.

par un emprisonnement de 6 jours à 6 mois. Les tribunaux font une application très mesurée de ces dispositions. L'Ordre National des Médecins hésite à entreprendre une action contre un guérisseur car les procès aboutissent aux témoignages de personnes qui se disent guéries (seules celles-là parlent) et à une publicité qui rapporte à l'illégal.

3/ Une troisième catégorie de guérisseurs est plus dangereuse car elle prétend user de procédés scientifiques. Parfois parés du titre fallacieux de « professeur », parfois titrés d'un vrai doctorat en médecine, les tenants de ces pratiques vont jusqu'à revendiquer de remplacer ce qu'ils nomment la « médecine officielle » et jusqu'à exiger la création d'un diplôme d'une médecine dite « libre ou parallèle[1] ». La médecine est une et on ne peut pas séparer et opposer par un adjectif certaines pratiques ; parler de « médecines douces[2] » sous-entend que la vraie médecine ne l'est pas et que le choix de l'une ou de l'autre soit possible.

– Un premier groupe de « thérapies » correspond à des sortes de modes ; elles apparaissent et disparaissent, de même que leurs ardents zélateurs. La réflexothérapie se fonde sur l'idée purement imaginative qu'il existe des points du corps : le nez, l'oreille, l'iris, le pied, les vertèbres, sur lesquels se projettent les organes ou les régions du corps. La nasothérapie est l'excitation de certains points de la muqueuse nasale où est supposée exister une représentation des viscères ; la technique de Gillet et Vidal a fait fureur entre les deux guerres, on n'en parle plus ! L'auriculothérapie utilise un certain nombre de points de l'oreille pour le diagnostic et le traitement ; elle a pris le relais. En Chine, on attribue au pavillon de l'oreille une importance médicale ; la durée de la vie serait proportionnelle à la longueur du lobe de l'oreille ; les bouddhas sont représentés avec des lobes démesurés, symboles de l'immortalité. L'hypothèse sur laquelle repose l'auriculothérapie est que, puisque le pavillon de l'oreille rappelle la forme du fœtus (le lobe figure la tête… etc.), on doit pouvoir traiter toutes les parties du corps à partir de la stimulation de différents points de ce cartilage… ! L'iridologie, basée sur l'idée que les troubles organiques se reflètent sur l'iris où existe une localisation des viscères, est une méthode de diagnostic : plus besoin de palper, d'ausculter, de radiographier, il suffit de regarder l'œil et lui seul ! Des ouvrages ont été décrits sur le sujet ! La chiropractie repose aussi sur la conception selon laquelle, à chaque étage du rachis, correspond un de nos viscères… de là, l'idée insensée de guérir les maladies par manipulations vertébrales… !

– Un autre groupe de « thérapies » : la mésothérapie, l'homéothérapie, l'acupuncture… est rangé sous le nom de « Mode d'Exercice Particulier » (M.E.P.). Elles ne sont ni spécialité, ni qualification, mais pratiques reconnues par les organismes sociaux. Elles sont utilisées en général par des médecins généralistes. Elles ont pour points communs d'avoir la faveur du public, d'être scientifiquement controversées, de ne pas être officiellement enseignées, si ce n'est dans quelques Facultés de Médecine. Elles agissent le plus souvent par effet placebo. Aucune des grandes victoires remportées sur la maladie ne peut leur être attribuée. Les appliquer systématiquement et exclusivement à toutes les affections devient du « guérissage ».

3. La divination et les superstitions

Depuis des millénaires, l'homme poursuit les mêmes rêves, est hanté par les mêmes obsessions : se libérer de la pesanteur et s'élever dans les airs, aller dans

---

1. Certains magnétiseurs hypnotiseurs et autres naturopathes demandent que leurs consultations soient remboursées par la Sécurité Sociale !
2. J'ai même lu « douçothérapie ! »

les planètes, descendre dans les profondeurs de la mer, transmuter les métaux en or, conserver une éternelle jeunesse, vaincre la mort... prévoir l'avenir.

Certains de ses rêves insensés se sont réalisés : avions, vaisseaux spatiaux et sous-marins imitent et dépassent l'oiseau et le poisson... Les découvertes, les inventions ont transformé les mentalités, stimulé l'imagination. Ce qu'on appelle « le grand public » est persuadé que l'impossible d'aujourd'hui deviendra possible demain ; épris de sensationnel, comme les enfants, il aime les contes de fée.

La pensée de l'homme se différencie essentiellement de celle de l'animal en ce sens qu'il ne vit pas seulement dans le présent ; il laisse un sillon derrière lui et le trace aussi par avance dans le futur.

Il y a des prévisions rationnelles, postulat et hypothèse, art de la prospective, de la programmation : le météorologiste annonce le temps du lendemain, l'économiste prévoit le taux d'inflation, le médecin fait des pronostics... Quelques experts appartenant à des disciplines diverses : anthropologie, archéologie, informatique, finances, édition, physique, astronomie, ont réuni dans un ouvrage leurs prévisions et prospectives pour les décennies à venir ; sorties de leur imagination, mais aussi de leur raisonnement et de leur expérience, ces prédictions sont sérieuses, bien que souvent humoristiques[1].

Toutes autres sont celles des devins, des mages, des extralucides... qui prétendent connaître le futur sans partir de raisonnements et de l'analyse d'un certain nombre de conjectures vraisemblables. Il ne s'agit plus de suggestion et de transmission de pensée, plus d'attribution d'un esprit aux objets et d'action sur eux à distance, plus de guérir par un fluide, mais plus fort encore, il s'agit de prévoir l'avenir de chacun. Des illuminés et des incultes, mais aussi des esprits apparemment équilibrés et instruits croient à la clairvoyance et à l'astrologie.

1) *La clairvoyance*

Tout un ensemble de faits sans frontières font partie de ce qu'on appelle la prémonition : rêves et pensées prémonitoires, pressentiments, avertissements à distance... On retient généralement que ce qui a coïncidé avec l'événement, souvent d'ailleurs prévisible, que l'on a cru percevoir avant qu'il soit annoncé, par exemple la mort d'un parent ou d'un ami. La voyance est autre chose ; elle est faite de pratiques spirites et métapsychiques dont le but est de « consulter » un esprit familier et bienveillant sur les événements à venir ou sur des préoccupations particulières.

L'art devinatoire est un des plus anciens métiers. Un recueil chinois d'oracles *Le livre des changements* a été écrit il y a trois mille ans. La Pythie, prêtresse d'Apollon, rendait des oracles à Delphes il y a plus de deux mille ans. Assise sur un trépied au-dessus d'une fosse d'où s'échappaient les vapeurs, le front ceint de lauriers, la pythie, qui en réalité était deux à trois femmes qui se relayaient, entrait en transe et proférait des paroles incohérentes ; recueillies et interprétées par les prêtres du temple, elles devenaient vérités révélées, oracles, réponses du dieu aux questions posées ; dans les cas épineux, la réponse était ambiguë. Les sibylles de l'Antiquité avaient laissé à l'ancienne Rome un recueil d'oracles que les autorités de la Ville éternelle allaient consulter dès qu'il se produisait ou se préparait un événement extraordinaire. Souvent personne ne comprenait rien à l'oracle : de « sibylle », on a fait « sibyllin ».

Au XVIe siècle, Michel de Nostredame, alias Nostradamus (1503-1566), médecin qui vécut surtout en Provence, eut grande réputation, surtout après qu'il eut prédit la mort d'Henri II dans un tournoi... On analyse encore ses prédictions

---

1. *Le Grand Livre des prédictions*, Baillaud, 387, p. 1982.

inspirées d'après lui par Dieu et rédigées en vers sibyllins ; ce qui est le suprême art. On trouve dans les ratiocinations des « Centuries » (1555) tout ce qu'on veut. On compte plus de 400 ouvrages, d'interprétations généralement complaisantes, produits de beaucoup d'imagination. En 1940, les exégètes avaient prévu « la destruction de Paris et notre victoire en 1941 sur les bords de la Loire » (L'œuvre, 24 mai 1940). Il n'y a pas deux commentateurs de Nostradamus qui l'interprètent de la même manière. Un des derniers ouvrages est celui de J. Ch. de Fontbrune qui a passé 17 ans à décrypter les prophéties de Nostradamus et qui n'y découvre rien de réjouissant puisqu'il annonce pour les années à venir : troubles révolutionnaires, invasions soviéto-musulmanes, pillages, famines, massacres, guerre mondiale qui durera trois ans et sept mois ! Destruction de Paris ! le tout suivi de l'âge d'or ! La vente record de cet ouvrage témoigne du goût de nos concitoyens pour la clairvoyance, mais aussi de leur crédulité et de leur angoisse.

Malgré plusieurs siècles de culture scientifique, les exploiteurs de la bêtise humaine sont toujours aussi nombreux. Il y aurait en France dix mille voyants, en majorité féminins, qui exploitent la crédulité d'une clientèle essentiellement féminine. Certaines personnes éprouvent le besoin de « consulter » périodiquement, comme de vrais drogués. La plupart sont des déprimés, des anxieux ; ils y trouvent une psychothérapie. Le psychanalyste et le voyant ont tous deux une relation de transfert avec leur client mais ils procèdent de façon différente : l'extralucide est seul à parler, le psychanalyste fait parler.

L'avenir est révélé par les procédés bien connus : marc de café, tarots[1], boule de cristal, table tournante, oniromancie (les rêves[2]), cartomancie (les cartes), chiromancie (lignes de la main), géomancie (signes jetés au sol), aéromancie (forme des nuages), capnomancie (forme des fumées d'un feu), encromancie (taches d'encre), hippomancie (bruit des coups de sabots des chevaux)... et plus sérieux graphologie, physiognomonie... Tout cela paraît naturel, fiable, à ceux qui croient que certains êtres sont doués de la mystérieuse faculté de prédire l'avenir et qu'il peut exister un échange télépathique entre le voyant et son client ; en fait, beaucoup de ces professionnels savent faire parler leurs clients et leur présenter comme un don de voyance ce qui leur ont fait dire. Les extralucides ont industrialisé leur affaire ; ils vendent des horoscopes par correspondance ou les placent dans des distributeurs automatiques moyennant finance ou encore, dernier cri, les font fabriquer par ordinateur !

La chiromancie, qui fut en honneur dès l'antiquité, a évolué. Notre épiderme présente au niveau des doigts et de la paume de la main un dessin de sinuosités, volutes et courbures, qui varie chez chaque personne même chez les jumeaux. La dermatoglyphie ou étude des empreintes digitales a depuis longtemps été utilisée par la police et depuis peu par les généticiens. La chiromancie des bohémiennes diseuses de bonne aventure fut longtemps classée sorcellerie ; au milieu du XIXe siècle, on essaya d'en codifier les principes et une « science », la chirologie, naquit. Plus sérieuse la chirognomonie, fondée sur le même principe que la physiognomonie, cherche les correspondances entre la morphologie de la main et la personnalité et le métier de l'individu, mais ne prétend pas prévoir son avenir.

L'énumération des erreurs commises par les extralucides est divertissante ; elles sont oubliées par les adeptes qui ne retiennent que les rares cas où les devins sont tombés juste. Une voyante de Paris « inspirée par l'ange Gabriel » et

---

1. Le jeu de tarots a été inventé en Italie à la fin du XIVe siècle et s'est développé en France au XVe. D'abord simple jeu, il fut ensuite utilisé par les diseurs de bonne aventure pour leur prédiction. C'est l'ancêtre de tous les jeux de cartes.
2. Mancie, mot d'origine grecque, signifie divination.

qui attirait une foule très grande, annonça en 1896 le rétablissement de la royauté ; beaucoup, parmi lesquels le prétendant lui-même, y crurent. Une voyante qui prédisait la fin du monde et prétendait en connaître la date « sauva » sa croyance, une fois la date passée, en déclarant que ses prières avaient eu de l'effet. Une étude entreprise aux États-Unis en 1973-74 a prouvé que les prédictions de dix voyants professionnels et celles de dix étudiants, pris au hasard comme points de comparaison, s'est terminée à l'avantage des derniers ; leurs prédictions s'étaient nettement mieux réalisées que celles effectuées par les voyants. Comment, en effet, parler de réussite ou d'échec lorsqu'il s'agit de faits qui découlent d'une simple analyse politique, ou qui sont aussi vagues que : « ennui pour un homme politique », « troubles au Moyen-Orient », « mauvais temps en septembre »… Ce qui est prédit n'est jamais totalement faux. Et, quand il s'agit de prédictions hasardeuses qui ont moins de chance de réussir, quel triomphe en cas de succès !… puisque les échecs sont oubliés. Reconnaissons plutôt que nous sommes incapables de dire de quoi demain sera fait.. Nous répétons pourtant après d'autres, sans réfléchir à leur sens, les mots « c'était écrit ».

2) L'oniromancie

Une abondante littérature a été consacrée à l'étude et à l'interprétation des rêves. Deux courants s'opposent, écrit H. Aubin[1], l'un archaïque considéré que les rêves nous viennent du dehors (les dieux), l'autre moderne qu'ils sont l'expression de notre moi.

L'oniromancie aurait été inventée d'après Pline[2] par Amphictyon, fils de Deucalion et Pyrrha, au XVIe siècle avant l'ère chrétienne. La plupart des peuples primitifs croyaient que, pendant le sommeil, le corps et l'âme (l'esprit) se séparent. Le corps reste en place, l'esprit erre au contraire à l'aventure, visite des pays lointains, entre en relation avec d'autres esprits divins ou démoniaques. Le rêve fut considéré comme un témoignage, comme la révélation du monde invisible ; envoyé par les dieux ou par les démons, ils ne pouvaient être compris que par certains interprètes. L'importance attribuée par les anciens aux prétendues révélations surnaturelles faites pendant les rêves conduisit à rechercher le moyen de les provoquer. Dans les temples d'Asclepios, on avait recours au jeûne pour susciter des songes pendant lesquels le Dieu venait donner des avertissements et des conseils. Les prêtres d'Épidaure, de Cos et de Pergame, interprétaient les songes spontanés ou provoqués par des drogues enivrantes (opium, haschich). L'alcool et les drogues inhibent les centres de la conscience et libèrent le caractère caché du sujet qui dit la vérité : *in vino veritas* est un vieux proverbe. La lecture de la Bible montre la valeur prophétique attribuée aux songes de Joseph, de Pharaon, de Jacob, de Salomon. Maury (1861[3]) remarque que le rêveur en sait parfois plus qu'à l'état de veille et l'explique par une exaltation de la mémoire.

L'oniromancie prétend donner une signification prémonitoire aux rêves. Un petit manuel « la clef des songes » révèle ceux qui annoncent des événements, comme la mort d'un personne, ou ceux qui avertissent et conseillent à propos d'une situation délicate. Des exemples sont cités dans les ouvrages spécialisés, mais combien qui n'eurent pas de signification prémonitoire ont été oubliés. Condorcet trouva, au cours d'un rêve, la solution d'une équation mathématique.

---

1. H. Aubin, *Les Univers parallèles*, Présence, 1983.
2. Pline, *Histoire naturelle*, Livre VII, ch. 56.
3. Maury, *Le Sommeil et les Rêves*, Didier, 1861.

Niels Bohr entrevit dans un rêve la structure de l'atome (centre fixe autour duquel tournent les électrons). Abraham Lincoln aurait été averti de son assassinat par de nombreux rêves, mais n'avait-il pas reçu des menaces ? La signification prémonitoire et la valeur révélatrice du rêve méritent une analyse critique : un homme qui avait rêvé plusieurs fois qu'une attaque lui paralysait un bras et la face est atteint, quelques mois plus tard, d'hémiplégie ; en fait, une artère cérébrale peut se spasmer avant de s'obstruer et les atteintes transitoires ressenties peuvent précéder la définitive.

3) L'astrologie

Depuis longtemps, les hommes croient que les événements terrestres sont sous la dépendance des célestes et que le destin de chacun est écrit dans la carte du ciel à l'heure de la naissance. « Être né sous une bonne étoile », c'est avoir de la chance.

L'astrologie, qui signifie étymologiquement discours sur les astres, fut d'abord pratiquée en Orient. Les Babyloniens et les Chaldéens observaient les astres pour découvrir leurs influences sur la Terre et sur les hommes. Homère attribuait aux dieux des caractères qui conviennent parfaitement aux astres correspondants ; Ulysse qui sur son radeau suivait la course des étoiles fut le premier astrologue. Les Grecs remarquèrent qu'outre le soleil et la lune cinq planètes se meuvent ; ils nommèrent les jours : lundi : la Lune, mardi : Mars, mercredi : Mercure, jeudi : Jupiter, vendredi : Vénus, samedi : Saturne, dimanche : le Soleil (en anglais *Sunday*). Ils divinisaient les Astres et affirmaient que les âmes enfermées dans le corps durant la vie terrestre se réincarnaient après la mort en eux. Ptolémée (IIe siècle ap. J.-C.) laissa de nombreuses observations astrologiques. Les premiers horoscopes datent de cette époque.

Pour les Romains, les étoiles étaient des corps divins. L'astrologie, partie de la philosophie telle qu'on la concevait alors, était par excellence la science des choses qui doivent nécessairement se produire. Les astrologues furent tout d'abord des experts en matière de pluie et de beau temps, ce qui était important pour l'agriculture. Ils étaient aussi ceux qui déchiffraient les destinées ; les Césars et les hommes d'État s'intéressaient donc aux prédictions relatives à leur carrière et à celles de leurs concurrents. Un collège d'augures existait à Rome pour interpréter les signes du temps en vue des décisions politiques à prendre. La raison d'État était toujours le meilleure puisqu'elle était inscrite dans la carte du ciel. Tibère s'informait régulièrement auprès de son astrologue Thrasylle. Les critiques ne manquèrent pas toutefois. Cicéron, dans son ouvrage sur la divination, note qu'aucune prédiction annoncée à Pompéi ne s'était réalisée. Pline l'Ancien remarqua judicieusement que les jumeaux qui sont pourtant nés sous des influences célestes identiques ont des existences différentes, et qu'à chaque heure et dans chaque partie du monde naissent des seigneurs et des esclaves. Le philosophe Sextus Empirius publia un traité contre les superstitions au temps de la décadence de l'Empire romain, alors que mages et divins pullulaient.

Le christianisme rejeta l'idée de la nature divine des astres car elle portait atteinte à la toute-puissance de Dieu, au libre arbitre et aux rapports entre Dieu et sa créature. Si l'on devait croire aux horoscopes, que serait la liberté de choisir entre le bien et le mal ? Saint Augustin lutta pour rejeter « les fausses prédictions et les égarements impies des astrologues ». Les corps célestes cessèrent d'être des dieux — mais ils étaient parfois « guidés par les anges » et les mages suivirent l'étoile de Bethléem ! Il ne faut pas oublier qu'alors les théologiens affirmaient que la Terre était place et que saint Augustin pensait que les antipodes étaient

« impossibles » car « au jour du jugement dernier, les hommes situés de l'autre côté de la Terre ne pourraient pas voir le Seigneur descendre dans les airs... »

La prolifération des devins, sorciers et prophètes au cours du Moyen Âge, entraîna la manipulation des peurs populaires et laissa le clergé désorienté : la terreur de l'an mil, la crainte de la fin du monde.

Du XIIIe au XVIIe siècle, l'astrologie fut étudiée parallèlement à l'astronomie ; elle s'étendit à la médecine, à la vie des hommes et des nations. L'Église ne se montra pas hostile à l'égard de l'astrologie ; les rois, les cardinaux et les papes avaient leurs propres astrologues. Catherine de Médicis confia la charge de médecin et d'astrologue du roi à un dénommé Michel de Notre-Dame (futur Nostradamus) qui avait prédit avec justesse la mort de son époux le jeune roi Henri II. Les cathédrales et les églises témoignent des nombreuses références astrologiques sur les sculptures, les vitraux. Les quatre évangélistes sont associés aux quatre signes fixes : saint Marc, le Lion ; saint Jean, le Scorpion ; saint Mathieu : le Verseau ; saint Luc, le Taureau. L'astrologie pénétrait dans toutes les couches de la société comme en témoignent les enluminures des « Très riches heures du Duc de Berry ».

Toutes ces croyances éclatèrent sous les coups, pourtant très prudents : Copernic (1473-1541), dans le *De revolutionibus orbium coelestium* écrit en 1532, mis à l'index en 1616, affirma la réalité de l'héliocentrisme. Kepler (1571-1630) démontra en 1609 que les planètes décrivent des ellipses dont le Soleil constitue l'un des foyers ; astronome génial, il était astrologue convaincu. Galilée (1564-1642) prouva que la terre tourne sur elle-même ; condamné à la relégation perpétuelle, il dut se dédire. À cette période trouble, des ténèbres régnaient encore sur les esprits et tous les grands personnages avaient leurs astrologues attitrés. Ils étaient également médecins ; pour savoir quand et en quelle partie du corps il fallait pratiquer la saignée, il convenait de tirer l'horoscope du patient. Les premiers astronomes furent aussi parfois des astrologues. Galilée composa des horoscopes jusqu'en 1624. Paracelse (1493-env. 1541), médecin suisse, pratiquait une médecine faite d'alchimie, d'hypnose et d'astrologie. À un univers gouverné arbitrairement par un Dieu capricieux succédait l'idée d'un univers ordonné dans lequel existaient des corrélations entre le macrocosme (l'univers) et le microcosme (l'homme). Les tireurs d'horoscopes étaient souvent des conseillers ; ils ne présentaient en général pas le déterminisme astral comme absolument rigoureux ; la formule utilisée était souvent : « Les astres inclinent mais ne contraignent pas ».

Au XVIIe siècle, l'astrologie connut un net déclin ; une mentalité de plus en plus « rationaliste » et « réaliste » s'affirma. R. Descartes (1596-1650) manifesta « le plus grand mépris pour ce ridicule héritage des temps révolus » et, dans *Le Discours de la méthode* (1637) : « Pour les mauvaises doctrines, je pense déjà connaître assez de ce qu'elles valent pour n'être plus sujet à être trompé par les prouesses d'un alchimiste, ni par les prophéties d'un astrologue... » Molière (1622-1673) écrit dans *L'Amour médecin* : « Les diseurs d'horoscopes, par leurs prédictions trompeuses, profitent de la vanité et de l'ambition de crédules esprits ». Louis XIV promulga en 1692 un édit qui assimile les astrologues aux magiciens et leur ordonne de quitter le royaume.

Au XVIIIe siècle, l'astrologie commença à perdre de son prestige et évolua lentement vers la « superstition » populaire dénoncée par Rousseau (1712-1778). I. Newton (1642-1727) découvrit derrière la « mécanique céleste » les lois qui semblent prouver l'existence de Dieu ; il y vit une « main invisible ».

Il fut toujours facile aux astrologues de faire coïncider les soi-disant prédictions du ciel et des étoiles avec des faits qui leur étaient connus ou qui leur paraissaient probable, et de faire varier leurs prophéties de manière à satisfaire leurs clients. Les prédictions qui se réalisent sont toujours notées, tandis que celles qui sont fausses, c'est-à-dire les plus nombreuses, sont passées sous silence et oubliées ; ainsi vont et prospèrent les horoscopes. L'astrologue Gabriel Trasieux d'Egmont écrivait le 30 mars 1940 : « L'horoscope de Hitler le montre touché gravement ; celui de Chamberlain est si brillant que je vois en lui le grand vainqueur de l'affaire ; celui de Daladier est fort bon aussi » ! Voltaire a dit l'essentiel en quelques mots : « On a souvent vu des prédictions d'astrologues réussir : que de deux divins consultés sur la vie d'un enfant, l'un dise que l'enfant verra l'âge d'homme l'autre non, que l'un annonce la pluie l'autre le beau temps, il est bien certain qu'il y aura un prophète ». Ainsi, vont les prévisions du sexe d'un enfant ; celui qui s'y livre avec le pendule ou autres simagrées n'a qu'une chance sur deux de se tromper.

La croyance selon laquelle la position apparente des astres a des conséquences humaines n'a rien pour surprendre lorsqu'elle se situe à une époque où on ne savait pas, comme de nos jours, que les constellations sont constituées par des étoiles, d'âges très différents, situées à des distances énormes les unes des autres, et qu'on en découvre toujours des nouvelles dont la lumière nous arrive. Les étoiles de la constellation de la Grande Ourse sont à des distances plus grandes que celles de la Terre à la plus rapprochée des étoiles de la constellation.

L'astrologie dispose d'un large capital de crédibilité ; un quart des personnes interrogées croit à son pouvoir prédictif, la moitié à sa nature scientifique. Beaucoup ne distinguent pas l'astrologie et l'astronomie et croient que les observatoires tirent des horoscopes[1]. De nombreux périodiques, des quotidiens publient des horoscopes que suit une clientèle assidue. Dans le même journal coexistent les exploits des sondes spatiales, des photos des anneaux de Saturne et la rubrique astrologique qui déclare que cette planète intervient sur notre destinée et sur nos amours.

L'astrologie actuelle repose sur cette idée que nous sommes influencés toute notre existence par la position des astres et plus particulièrement des planètes par rapport à notre lieu de naissance et au moment de notre naissance. Nous resterions ensuite sous cette influence astrale. Les planètes se déplacent autour du soleil dans un même plan dans le ciel suivant une bande appelée écliptique, le long de laquelle se trouvent douze groupes d'étoiles portant les noms fameux du zodiaque. Le bande est divisée en douze portions égales à 30°. Cette division est bien entendu arbitraire. Depuis les anciens Babyloniens, un animal ou un personnage est sensé habiter chacune des douze zones. « Sous quel signe êtes-vous né » ? question souvent entendue à laquelle il est généralement répondu avec sérieux : « sous le signe du « Taureau » ou « sous le signe du Capricorne »... ! Suivent alors des déductions, des prévisions affirmées avec conviction. On va jusqu'à apprécier les chances de réussite d'un couple d'après les corrélations astrologiques des époux. L. Leprince-Ringuet a été mis en joie par la lecture dans une revue de cinéma : « Le fol espoir de Lee Majours et de Farah Fawcett : l'astrologie sauvera notre mariage, nos signes sont en complète opposition certes, Farah est native du Verseau, moi du Taureau ; mais comme l'ont assuré les astrologues, notre mariage devrait s'en trouver réconforté... » !! Paul Conderc s'est livré par curiosité, pendant un certain temps, au métier de mage avec un succès et des éloges qui l'ont bien étonné ; il fit l'expérience suivante : il passa une annonce proposant des prédictions astrologiques ; aux missives de toute provenance par lesquelles il fut submergé, il répondit la même

---

1. Horoscope signifie littéralement « vue de l'heure ».

lettre ; des réponses, il put extraire des dizaines de phrases comme celles-ci : « ce que vous me dites du passé et de mon caractère est l'absolue vérité » ou « on dirait que vous lisez dans ma vie comme dans un livre ».

Il est des astrologues qui s'intitulent modernistes ou scientifiques qui tiennent compte des planètes solaires découvertes depuis le XVIIe siècle, Uranus, Neptune, Pluton... et qui proposent des tests... Michel et Françoise Gauquelin[1] ont fait l'énorme travail de publier en 12 volumes les relations entre les phénomènes cosmiques et les particularités psychophysiologques. À partir de 1950, ils rassemblèrent les données planétaires correspondant à la naissance de milliers de personnages éminents et de notabilités ; ils comparèrent les coordonnées natales et cosmiques de leurs parents et de leurs enfants, corrélèrent les relations entre la position de la Lune et des trois planètes Mars, Jupiter et Saturne, et l'heure de leur naissance. Ils purent se croire ainsi autorisés à conclure à une typologie réactionnelle psychologique liée aux facteurs cosmiques. Les savants semblent naître plutôt au lever ou à la culmination de Saturne, les grands champions sportifs au lever ou à la culmination de Mars. Les personnes nées au lever de Jupiter ont souvent un caractère génial qui s'oppose à celui des personnes venues au monde au lever de Saturne que l'on dit moroses... D'après une enquête portant sur 30 000 naissances, M. et F. Gauquelin ont parlé d'une hérédité planétaire « qui pousserait chacun à naître au moment qui correspond à des particularités génétiques ». Dans cette hypothèse, on observe que les enfants ont tendance à naître sous les mêmes planètes que leurs parents... L'idée est liée à celle selon laquelle chaque individu porte un gène qui le rend sensible à un type particulier de stimuli cosmiques. Elle se rapproche de celle démontrée des rythmes biologiques quotidiens ou saisonniers dus à l'influence de la lune et du soleil, mais de là à admettre que chacune des planètes et des étoiles influence la vie à sa manière, il y a loin.

On ne peut pas nier que nos organismes soient soumis à des influences extérieures que nous ne connaissons pas bien : ondes électromagnétiques, rayons cosmiques... Les astres ont une influence sur la Terre et sur la vie terrestre par l'effet de la gravitation et des rayonnements. Des comportements sont régis par la course de la Lune ou par celle de la Terre autour du Soleil. Les radiations solaires que la Lune réfléchit interviennent dans le maintien de la température, les courants atmosphériques, la végétation, la biologie, le psychisme. Un rapport existerait entre l'infarctus du myocarde et l'augmentation de l'activité solaire qui se manifeste par la multiplication des tâches solaires ? Mais croire que le ciel astral au moment de notre venue dans le monde conditionne notre devenir, c'est ignorer que la vraie naissance est la conception, la fusion de deux capitaux génétiques qui nous déterminent, quel que soit le moment de l'accouchement. Si les astres pouvaient avoir une influence sur les milliards de neurones de notre cerveau, elle devrait s'exercer non seulement à travers le crâne du nouveau-né mais déjà dans le ventre de la mère. Penser que les astres, et leurs radiations qui nous traversent, ont un effet différencié sur le physique et le psychisme de chaque individu, qu'ils influencent notre destin et nous font musicien, sportif... et ceci chacun des six milliards d'humains, est pure déraison !

« Il est des gens qui naissent au nord du cercle polaire, à Mourmansk par exemple, qui au jour de leur naissance, dans l'hiver polaire, peuvent n'avoir dans

---

1. M. et F. Gauquelin, *Les Horloges cosmiques*, Paris, Dencel, 1970 ; *Le Dossier des influences cosmiques*, Paris, Dencel, 1970 ; *Le Dossier des influences cosmiques*, Paris, Dencel, 1973.

leur Ciel ni Soleil, ni Lune, ni Mars, ni aucune planète. Pauvres gens » !
(J. L. Pecker[1]).

Dans les temps modernes où chacun se sent étouffé, perdu, solitaire, conditionné, le recours aux officines astrologiques est courant. « Ne suis-je pas déterminé d'avance » est la question. Elle traduit l'angoisse. Elle incite à la passivité, à la négation de la responsabilité personnelle. Elle n'est pas compatible avec la Foi : le Vatican a récemment rappelé à l'ordre ses fidèles par la voix de l'Osservatore Romane : « Si l'avenir était prévisible, l'homme ne serait pas maître de son destin, alors que Dieu l'a créé libre ».

Il existe des milliers de « cabinets » où se pratiquent la devination et l'exploitation de la crédulité publique ; ils reçoivent de longues files de consultants et une abondante correspondance. Leur clientèle est faite de personnes à la mentalité infantile de naïfs, parfois de débiles, le plus souvent de déprimés, d'anxieux. Même si on leur démontre qu'ils ont été abusés, si on leur fait remarquer l'erreur ou l'imprécision, et même s'ils paraissent l'admettre, ils en ressentent une certaine contrariété et sont prêts à recommencer...

4) Les superstitions

L'insatisfaction du présent et l'inquiétude du futur, la conviction que toutes sortes de facteurs mystérieux conditionnent notre avenir, se manifestent encore dans la recherche des objets porte-bonheur, amulettes, fétiches, talismans, médailles sacrées, parfums magiques, et par toutes sortes de superstitions qui, selon l'étymologie latine, « super star », signifie « se placer au-dessus ». Dans les campagnes, de nombreuses recettes magiques persistent : tracer une croix dans la cheminée empêche les poules de s'échapper, jeter du pain dans un puits l'empêche de se tarir, placer du buis béni dans le fourrage éloigne les insectes, poser un chapeau sur le lit fait partir l'argent, aller chez son coiffeur tel jour et non tel autre... passer sous une échelle attire l'infortune... Le chat noir porte malheur... Le fer à cheval comme le trèfle à quatre feuilles portent bonheur... La liste est infinie, variable avec les régions et les époques. Les superstitieux qui ne sont d'ailleurs pas tous des débiles ou des esprits frustes mais parfois des personnes cultivées s'empoisonnent l'existence, et c'est le plus souvent incurable. Tel touche du bois chaque fois qu'il parle d'une chose dont il souhaite qu'elle ne survienne pas ; tel redoute le chiffre 13 ; tel autre le recherche...

De mystérieux pouvoirs bénéfiques ou maléfiques ont été attribués à des objets et à des bijoux ; l'histoire et la légende en fourmillent. Les peurs phobiques deviennent franchement pathologiques quand elles envahissent une personne et perturbent sa vie quotidienne. En 1900, Pierre Loti rapporta des Indes un collier d'ambre et de turquoises ; il l'offrit à la célèbre voyante Mme Fraya qui prétendit qu'elle avait un pouvoir bénéfique. S. de Tervagne raconte l'histoire de ce bijou dans l'ouvrage intitulé *Le Collier magique*. On y trouve aussi celle du trésor de Toutankhamon et des morts qui suivirent l'ouverture du tombeau, celle des pierres prestigieuses mais de réputation maléfique : les diamants : « Le Sancy », le « Koh I Noor », le « Hope » dont les possesseurs ont eu des destins tragiques. On trouve aussi dans *Le Collier magique* l'histoire des bijoux talismans à travers les âges et le pouvoir maléfique des bouddhas anciens. Il est difficile de vérifier la véracité des anecdotes concernant des personnages disparus et celles d'événements qui se sont produits il y a des centaines d'années. Les limites de l'invraisemblance sont atteintes par l'idée selon laquelle des pierres précieuses

---

1. J. L. Pecker, *Le Ciel et le Paranormal, Problèmes politiques et sociaux*, « La Documentation Française », n° 450-451, 5-19 nov. 1985.

pourraient conserver une véritable « mémoire » des situations violentes, mémoire qui se libérerait parfois sous forme « d'onde » recréant les même situations !

5) La magie des nombres

La croyance en la vertu mystique des nombres est très ancienne. La formule évoquée dans le serment des pythagoriciens était 1 + 2 + 3 + 4 = 10, dans laquelle 1 est Zeus, père et maître des dieux, 2 représente le Soleil et la Lune, 3 les trois éléments : la terre, le feu et l'eau, 4 les quatre vents.

La numérologie est l'interprétation du symbolisme des chiffres. L'imagination y règne encore. Les nombres impairs évoquent le ciel, les chiffres pairs la terre. Le nombre trois fut vénéré dès le début des civilisations. Dix siècles avant notre ère, les Indous croyaient à une triple divinité : Brahma, Vichnou et Chiva. Les romains avaient trois grands dieux, Jupiter, Neptune, Pluton, et trois grandes déesses, Minerve, Junon, Vénus. La Trinité se retrouve dans le Christianisme... Le chiffre trois garde un pouvoir magique ; beaucoup s'interdisent d'allumer trois cigarettes avec la même allumette sous peine de vouer l'un des trois à une mort prochaine... À propos du chiffre quatre, on peut rappeler que, pour les Pythagoriciens, il correspondait à l'éther, à la matière, au temps, au destin ; plus tard, ce furent les quatre éléments eau, aire, terre, feu... Bien des expressions populaires en découlent encore : « se mettre en quatre », « couper un cheveu en quatre », « ne pas y aller par quatre chemins », « être tiré à quatre épingles », « faire le diable à quatre ». Le chiffre sept est magique depuis les Chaldéens et les Phéniciens. Le sept fut vénéré parce qu'il est le premier des nombres entiers, c'est-à-dire non divisibles par aucun autre si ce n'est par eux-mêmes, c'était un symbole. Un vieux dicton arabe est encore en usage : « avant de parler, tourne sept fois ta langue dans la bouche ». Viennent à l'esprit les sept merveilles du monde, les sept sages, les sept jours de la Création du monde, les sept branches du chandelier du judaïsme, les sept pêchés capitaux, les sept vertus, les sept sacrements, les sept planètes, devenues les sept jours de la semaine[1]... Les sept ondes électromagnétiques, ondes radio, radar, infrarouge visible, ultraviolet, rayons X, rayons gamma... Les sept années grasses et les sept maigres (rêve du Pharaon)... Les sept collines sur lesquelles Rome est construite, les sept nains et Blanche-Neige... Dans certains remèdes de la campagne, on porte des sachets contenant sept espèces de médicaments ou sept objets les plus divers car il y a sept sortes de fièvres lentes... Le chiffre dix était pour Platon le plus parfait ; cette perfection n'est sûrement pas étrangère au choix de ce nombre pour les dix commandements de Dieu. En accord avec cette idée de perfection, sont établies les divisions et le serait la forme de nos mains et de nos pieds ? Le nombre douze joue aussi un rôle fatidique. L'observation du ciel permit très tôt de constater que la pleine lune était apparue douze fois avant que revienne la même saison ; ainsi l'année fut divisée en douze mois. Le nombre douze parut choisi par les dieux : les douze travaux d'Hercule, en relation avec les douze signes du zodiaque. 450 ans avant l'ère chrétienne, le premier code des lois romaines comportait douze tables. Suétone écrivit l'histoire des douze Césars ; les douze apôtres de Jésus, les douze pairs de France, les douze maréchaux napoléoniens et, bien entendu, la vente des produits (œufs, huîtres, cuillères...) par douzaine... et la journée divisée en deux fois douze heures, l'heure comporte cinq fois douze minutes, la minute cinq fois douze secondes. L'année idéale a douze mois, soit 360 jours auxquels il fallut ultérieurement ajouter cinq jours complémentaires qui furent considérés comme néfastes. La mauvaise réputation du chiffre treize date,

---

1. Semaine dérive du latin *septimana* qui vient de *septem* : sept.

semble-t-il, de la présence de treize personnes à table le jour de la Cène. Désormais, les devins prophétisant la « fin du monde » choisirent généralement un 13. Dans nombre d'hôtels et de cliniques, la numérotation des chambres passe de 12 à 14 et bien des personnes refusent de s'asseoir à une table où il y a treize convives parce que, si cela est, l'un meurt dans l'année. Napoléon Ier, Victor Hugo, Winston Churchill... étaient de ceux-là... Pour certains, au contraire, le chiffre 13 est promesse de réussite : la loterie nationale présente comme jour de chance le vendredi 13. D'autres, au contraire, pensent qu'il ne faut rien entreprendre ce jour car vendredi est le jour de la mort du Christ et que Judas le traître qui livra Jésus est allé se pendre à l'issue de la Cène qui comptait treize convives : les douze apôtres et Jésus. Les superstitions les plus invraisemblables quant aux nombres germent dans la tête des joueurs invétérés... Imagination et Passion...

6) Les animaux mythiques

L'imagination peut créer de toute pièce ou interpréter de façon erronée le vu ou l'entendu. L'objet imaginé est posé comme un objet réel. Les fées, les elfes, les lutins, les dragons, les monstres, les vampires, les loups-garous, les fantômes sont des produits de l'imagination. Leur force suggestive est démontrée par leur multiplication épidémique.

La plupart des espèces animales qui vivent sur la Terre ont été répertoriées ; on découvre encore parfois au fond des océans quelques spécimens inconnus. L'imaginaire continue à admettre l'idée qu'il existe dans les grandes profondeurs des mers ou des lacs des pieuvres, des serpents gigantesques, des monstres terrifiants. L'Homme de l'Antiquité connaissait mal la profondeur des mers. L'aventure du prophète Jonas jeté à la mer, avalé par un énorme poisson et rendu vivant sur le rivage trois jours après, resta longtemps dans les esprits. Le mythe des sirènes est répandu dans toute l'Europe du Nord. La fameuse Nessie, insaisissable monstre du Loch Ness en Écosse, serait un plésiosaure survivant du secondaire[1] ! Sur les sommets des Andes vivraient des archéoptéryx, oiseaux géants de la préhistoire. Dans l'Himalaya, le Yeti, l'abominable homme des neiges, dont on a retrouvé les traces de pas de géant, serait le descendant d'un grand singe « hominoïde » sauvage, cousin de l'Homme. Une expédition franco-russe serait partie à sa recherche. On n'a encore réussi à capturer un spécimen ! Les monstres disparaissent quand les observateurs sérieux se présentent.

*

Le marché de l'irrationnel se porte bien ; la voyance est devenue un profit de consommation courante, livres, émissions de radio et de télévision, conférences, colloques, tout cela fait recette. Selon une estimation sérieuse, douze à quinze millions d'ouvrages sur l'astronomie ont été vendus ces dix dernières années. Pour le plaisir d'imaginer et d'espérer, le désir d'être aimé, contre la peur, on va chercher le réconfort chez les voyants. Un « Festival de la voyance » a battu les records d'affluence : un millier de personnes par jour environ sont venues pendant dix jours consulter quelques-uns des cinquante voyants présents. Le goût du rêve et de l'illusion est un phénomène social particulièrement vif à l'époque troublée dans laquelle nous vivons.

---

1. Selon une étude récente, le célèbre « monstre » pourrait être un esturgeon de la Baltique, poisson dépassant parfois trois mètres de long et pesant près de 200 kilos.

4. Les relations avec l'au-delà temporel et spatial

L'homme passe quelques années sur une petite boule perdue dans un Univers infini de temps et d'espace : il est éphémère et insignifiant. Ses efforts pour s'en « échapper » par des constructions rationnelles : fusées, navettes spatiales... sont émouvants, mais tellement dérisoires. Ses efforts pour comprendre le Cosmos sont armés de raison mais surtout d'imagination.

1) Le spiritisme

La croyance à l'intervention des esprits dans la vie courante est rencontrée à tous les âges de l'humanité. Elle était dans la mentalité des premiers hommes ; elle est dans celle des populations éloignées des civilisations ; elle persiste dans celle des peuples évolués. Elle domina à certaines époques, elle est encore très vive de nos jours.

L'existence de pensée en dehors d'un corps vivant et la possibilité de communication avec l'au-delà sont inscrites dans toutes les grandes religions. Les Grecs croyaient à la métempsychose, c'est-à-dire à la transmigration de l'âme dans un corps nouveau. Les Romains appelaient lémure[1] le spectre d'un mort qui venait tourmenter les vivants.

De nombreuses peuplades de l'Asie, de l'Afrique, croient aux esprits (chamanisme). La tradition spirite du Brésil attribue aux défunts non seulement tout ce qui ne s'explique pas, mais aussi des productions artistiques, musique, peinture, poésie, réalisées dans un état de transe.

La croyance selon laquelle des esprits errent sans corps physique a toujours été très répandue. L'imagination y joue un grand rôle. « Croyez-vous aux fantômes » ? demanda-t-on à Madame du Deffand (XVIIIe siècle). « Non mais j'en ai peur » répondit-elle ! Les histoires de revenants sont une spécialité des folklores anglais et écossais. Des fantômes, drapés dans un suaire, traînant des chaînes bruyantes, poussant des hurlements, hanteraient vers minuit les vieux châteaux d'Écosse... Les « esprits » communiqueraient avec les vivants par coups frappés dans un meuble ou au plafond : « esprits frappeurs ». La communication serait établie par les pieds d'une table tournante autour desquels s'installent ceux qui les interrogent. Les réponses, faites dans un langage conventionnel... un coup, deux coups, sont d'une bêtise, d'une niaiserie pitoyables... Le séjour dans l'autre monde ne paraît pas avoir élevé les esprits ; ils auraient pourtant tellement à nous révéler de l'au-delà. Les extralucides qui les interrogent donnent des nouvelles des parents disparus, et prétendent prendre contact avec des morts illustres : Chopin, Cléopâtre, Jeanne d'Arc, Napoléon... reviennent souvent. Parmi les milliards de personnes qui vécurent, ce sont toujours les mêmes qui sont interrogées. Il est regrettable qu'ils ne nous aient jamais fourni la moindre information sur l'au-delà, enfer, purgatoire, paradis...

Au XIXe siècle, des personnages de marque se sont adonnés au spiritisme. Le fait d'être un grand écrivain, et même un scientifique, ne préserve pas des vieilles tentations de l'irrationnel, ni du goût pour le mystérieux dont l'esprit humain a hérité du fond des âges. On rappelle souvent le cas de Victor Hugo. Madame de Girandin, sa grande amie, lui avait appris le jeu des tables tournantes qui faisait alors fureur à Paris. Il se serait passionné pour ce passe-temps afin de rompre la monotonie brumeuse de l'exil de Jersey ; il comptait les coups et conversait avec Molière, avec Shakespeare ; des personnages illustres se confiaient à lui en

---

1. Du nom des Mammifères Lémuriens qui sont des animaux nocturnes.

alexandrins ! On hésite à croire à une telle aberration. Certains commentateurs rappellent, ce qui n'explique rien, que son frère est mort fou !

Dans le but d'attirer l'attention de Louis XI et d'en obtenir la donation, sous prétexte de le purifier, des moines avaient fait apparaître le diable dans le château abandonné de Vauvert près de Gentilly. De là, l'expression pour signifier l'éloignement de la capitale « c'est au diable Vauvert ».

La presse parle périodiquement des maisons hantées : jets de pierre, meubles qui bougent, tableaux qui tournent autour de leur clou et, quand on se déplace pour filmer ou enregistrer, plus rien ne se produit. Chez ceux qui sont visités par les esprits, il se mêle terreur et fierté pour la curiosité qu'il provoque. La gendarmerie intervient. Un jour, on découvre le plaisantin, le plus souvent un jeune, dont la présence est indispensable pour que les « phénomènes se produisent »... En 1946, fut signalée à Lauter (R.F.A.) l'apparition de fantômes étranges qui se manifestaient par de menus actes de vandalisme : lits défaits, fromages et saucissons mordillés, objets brisés, sel dans le thé... on soupçonna des fantômes ; idée bizarre en ce XXe siècle ! Après plusieurs enquêtes et plusieurs mois, on découvrit que tous ces miracles étaient l'œuvre d'un jeune garçon. Il s'agit généralement d'un adolescent qui souffre de troubles psychologiques aggravés par son milieu familial ou scolaire. Comme toujours dans ces cas, la presse fait grand tapage avant la découverte de la supercherie, et se tait après.

Récemment, à Moirans-en-Montagne, douze incendies de maison inexpliqués survenus en trois semaines et qui causèrent deux morts attirèrent journalistes, policiers, radiesthésistes, faux savants... On y vit la main du diable, le résultat de phénomènes radiesthésistes ou d'une ligne EDF, pour découvrir enfin un jeune pyromane. Un journaliste écrivit : « On m'avait demandé de ramener une explication rationnelle et c'était un pyromane ». Comme s'il y avait plus rationnel !

Depuis toujours, les hommes ont cru à l'existence de créatures intermédiaires entre notre monde et l'au-delà : créatures bonnes : les anges, les saints... mauvaises : les démons. On peut en rapprocher le domaine ambigu des visions mystiques, des apparitions de la Vierge Marie ou du Christ qui se multiplient à certaines époques. L'Église catholique en a reconnu très peu, car elle s'est toujours défiée, et plus encore à notre époque, des visions et des visionnaires, et des phénomènes irrationnels en général, bien que l'histoire sainte soit une suite d'événements surnaturels. Comment distinguer la névrose fabulatrice et la sainteté ? Délire, hallucination et extase mystique sont souvent associés. À partir du Ve concile de Latran (XVIe siècle), afin de couper court aux mouvements populaires qui s'étendaient autour des apparitions, le Saint Siège demanda aux évêques de juguler les abus. Beaucoup furent déclarés hallucinations ; souvent il s'établit une épreuve de force entre l'évêque et les fervents qui, malgré la décision négative, continuaient le pèlerinage. C'est ce qui vient de se passer dans un village : une jeune enfant, Blandine, a vu la Sainte Vierge ; aussitôt sont accourus une foule de déséquilibrés et des malades prêts à croire au miracle. Le curé du village avec fermeté et froideur a coupé court à l'affaire. Les dernières apparitions reconnues sont celles de la Salette (1844), Lourdes (1858), Fatima (1917), Banneux (1933).

Dans les dernières années, la recherche de communication avec l'au-delà a pris une autre tournure. Le psychiatre Raymond Moody a publié un ouvrage qui a eu beaucoup de succès *La vie après la mort*. Il ne s'agit plus de prendre contact avec les morts par l'intermédiaire d'un médium, mais de recueillir les révélations de ceux qui sont supposés avoir passé un temps dans l'au-delà. Cent cinquante personnes revenues d'un coma très profond ont raconté leur « voyage » hors leurs corps... En fait, à aucun moment, ils ne sont morts et leurs récits sont simplement ceux que peut faire toute personne qui a perdu connaissance et qui a un souvenir vague de ce qu'elle a vu, entendu, ressenti pendant son inconscience... Ils racontent, ils brodent, leur imagination est stimulée par la curiosité de ceux qui interrogent et qui interprètent... Aberration plus grande encore : une association appelée Heaven Union (Union des Cieux) s'est créée à Granada Hills, faubourg de Los Angeles : son but est d'envoyer des messages aux défunts. Le patron Gabe Gaber a un fichier de malades moribonds qui serviront de messagers. Les clients leur remettant des lettres destinées à leur cher disparu dans une enveloppe libellée « Messages to the hereafter » (messages pour l'au-delà). Coût des services 60 dollars pour 100 mots, 40 dollars pour 50 mots. Les urgences sont plus chères !

2) L'extase - La possession diabolique

L'extase est faite de manifestations très diverses dont le caractère commun est la soustraction du monde extérieur dans un sentiment de grand bonheur, d'oubli des soucis et des contingences matérielles. Les états d'extase sont essentiellement de nature religieuse ; on les observe chez les moines cloîtrés et aussi chez les hindous et chez les bouddhistes. Le fait essentiel est la coupure d'avec le réel. Les chamans, prêtres sorciers de l'Asie centrale et de la Sibérie, intermédiaires entre les hommes et les puissances surnaturelles, agissent en état d'extase ; ils vivent en solitaires, en ascètes, après avoir subi l'initiation et vécu une illumination. En Afrique, aux Indes, au Brésil (Macumba), aux Antilles, des danses rituelles conduisent aux états de transe et à l'extase physique et sexuelle ; elles correspondent à la possession par des forces magiques. La danse individuelle ou collective commence au son du tam-tam, sur un rythme lent, puis de plus en plus précipité. Alors de déroulent des scènes d'ivresse et d'hystérie. La tension est portée à son paroxysme ; la possession, but recherché, se manifeste par des prodiges de contorsion, d'insensibilisation, de paroles, de prophéties...

La plupart des religions admettent l'existence d'esprits bienveillants et d'esprits malveillants. Le diable, principe du mal, apparaît dès les premières lignes de l'Écriture ; on le trouve épisodiquement dans l'Ancien Testament qui, rappelons-le, ignore Paradis et Enfer. Il est un ange déchu, une puissance qui s'oppose à Dieu et le contrarie souvent dans le Nouveau Testament ; le credo chrétien en fait pourtant pas état de Satan.

La possession diabolique, c'est-à-dire l'aliénation d'un individu à l'esprit du mal, fut tout d'abord mollement combattue par l'église ; la plus sévère des peines était l'excommunication. À partir du XIVe siècle, le démon fut poursuivi par les châtiments corporels et les bûchers s'allumèrent. Phénomène curieux, avec la répression, les méfaits du diable se multiplièrent. Les inquisiteurs et les exorcistes furent les agents inconscients de la diffusion de la démonomanie.

La grande époque de la croyance au démon et de la pratique de la sorcellerie se situe au milieu du XVIe siècle et durant le XVIIe siècle. La peur régnait partout ; peur de mourir de faim, terreur de la peste, des brigands, des loups, de la nuit, des revenants, du diable. Elle atteignait le peuple et aussi les dirigeants. Les croyants voyaient la main du diable chaque fois qu'ils se heurtaient à un obstacle ou étaient victimes d'un malheur. La mort, le diable, les démons prirent dans l'art une très grande place. Les ouvrages de démonologie furent nombreux ; l'iconographie représentait les hallucinations infernales et les tentations du grand séducteur. Jean Bodin (1529-1596) décrivit en détail le dogme de la sorcellerie dans un livre, *La Démonomanie des sorciers*.

Le diable agissait par l'intermédiaire du sorcier qui a fait un pacte avec lui, pacte écrit avec son sang ou par un échange d'objets : fleurs, poils, excréments... ! De ce pacte, le sorcier gardait les stigmates, c'est-à-dire des zones insensibles, surtout dans la région ano-génitale, ce qui autorisera un jour les inquisiteurs à larder de pointes le malheureux suspect de sorcellerie. Quand la zone anesthésiée faisait défaut, on disait que le stigmate était interne, viscéral, ou que le démon l'avait effacée au moment de l'examen. Le sorcier avait tous les pouvoirs maléfiques : grêle sur les récoltes, incendie des granges, maladies des hommes et des animaux, philtres amoureux. Ils pratiquaient l'ensorcellement et l'envoûtement ; l'ensorcellement est le jet de sortilèges sur quelqu'un ; l'envoûtement (du latin *vultus* : visage) consiste à fabriquer une statuette de cire ou de terre glaise représentant la personne que l'on veut envoûter, à prononcer des formules magiques devant elle et à lui faire subir des sévices : coup de poignard, feu. On comprend qu'avec un tel pouvoir le sorcier ait pu exercer un chantage rémunérateur. Il avait d'ailleurs aussi des devoirs. Certains jours, le jeudi de préférence, afin d'éviter les vendredi, samedi et dimanche consacrés par les trois religions monothéistes, il devait se rendre au sabbat annoncé à son de trompe. Les cuisses enduites d'un onguent fait de la graisse d'un enfant assassiné, il partait à travers les airs à califourchon sur le diable figuré par un animal, bouc, chien ou simplement un manche à balai. Le sabbat avait lieu en forêt, dans une clairière, à la croisée des chemins. Le démon, représenté par un bouc, présidait sur un vaste cathèdre. C'était ensuite une parodie du culte, une confession générale des atrocités accomplies depuis la dernière réunion, une messe « à rebours » servie sur le ventre nu d'une femme. Un banquet où se mangeaient des choses immondes continuait cette petite fête, qui se terminait par des accouplements entre démons et sorcières ; les descriptions sont d'un réalisme rebutant. Le sorcier pouvait aussi se transformer en animal, en loup le plus souvent (lycanthropie) qui dans les campagnes égorgeait les enfants. De 1598 à 1600, il y eut dans le Jura une épidémie de lycanthropie et le juge Boguet se vantait d'y avoir allumé 600 bûchers. En 1609, Pierre de Lancie, inquisiteur de la province basque, s'illustra par son cynisme et sa cruauté.

Les exorcistes voyaient des agents de Satan et des sorciers partout parmi les hérétiques, les musulmans, les juifs, les veuves... Ils étaient hommes de bonne foi mais absolument bornés. Convaincus qu'ils avaient devant eux des ennemis de la foi, ils n'hésitaient pas à agir par exhortation, suggestion, menace. Le sorcier, souvent un débile, suggestionné par l'exorciste, pris dans un engrenage, finissait par se convaincre de méfaits qu'il n'avait pas commis et avouait pour échapper à un supplice plus grand, pour obtenir une atténuation de peine (étranglement avant le bûcher) ou pour gagner le pardon céleste. Les dénonciateurs étaient souvent des voisins sinon des parents ; ils l'accusaient de la mort des bêtes, de la perte des récoltes, d'accidents. En voyant l'œuvre du diable dans tous les malheurs, les juges sinistres et fanatiques de l'Inquisition mais aussi les magistrats calmes et sensés des parlements créaient la sorcellerie et les sorciers. Un auteur écrivait : « Si nous n'avons pas tous avoué être sorciers, c'est que nous n'avons pas été torturés ».

À la fin du XVIIe siècle, les procès devinrent plus rares ; ils cessèrent au XVIIIe siècle. Il fallut toutefois arriver en 1782 pour qu'un arrêt de Louis XIV remplaça le bûcher par la prison ou le bannissement.

La fable des vampires est vieille comme le monde ; on la trouve dans la bible en Inde, en Chine millénaire ; mais le comte Dracula est né en 1897 sous la plume de Bram Stoker. Depuis le mythe n'a cessé d'engendrer de nouveaux monstres en Europe et dans les deux Amériques. Des livres, des films ont été réalisés. Le monstre incarne le mal absolu. Il est effrayant, il a les dents pointues, il boit le sang de ses victimes.

La croyance aux sorciers et les cas de possession diabolique sont devenus plus rares ; ils n'ont pourtant jamais totalement disparu. Les religions indiennes et thibétaines pratiquent aujourd'hui encore la sorcellerie. En Afrique, mais aussi dans nos campagnes, elle persiste, entretenue par la peur et par la haine.

Les cas de délire démoniaque et d'envoûtement sont observés plus rarement qu'autrefois par les psychiatres[1]. Ils sont plus fréquents chez les femmes. Il y a encore des exorcistes dans chaque diocèse, mais ils n'ont pas souvent l'occasion d'exercer leur ministère ; ils sont fort prudents sur l'existence du diable et des possédés et agissent dans un but d'apaisement de malades. Lors d'une émission de télévision « Dossiers de l'écran » sur la possession diabolique, le standard a reçu un grand nombre d'appels de personnes se croyant possédées ou envoûtées ; un prêtre catholique exorciste déclara n'avoir rencontré que des malades relevant de la psychiatrie ; par contre, un « diaboliste » tout de noir vêtu déclara que Satan était un esprit.

« Les Études carmélites » ont publié en 1948 un ouvrage intitulé *Satan* où il est précisé que l'équivoque de la possession diabolique tient au fait que le mot « Satan » est un mot hébreu qui signifie « faire obstacle », c'est-à-dire opposé à la vérité ou au normal, et conduit par là même au mal.

3) Les sectes

La plupart des hommes sont disposés à croire n'importe qui et n'importe quoi. Leurs conceptions, leurs comportements ont de tout temps été modelés par les endoctrinements politique, militaire ou religieux[2]. La recherche d'une religion nouvelle a à travers les temps toujours existé : les schismes, les hérésies, les dissidences en témoignent.

Dans la société moderne et particulièrement en Occident, naissent de nouvelles religions. On les appelle sectes ; cette dénomination a une consonance péjorative, comme en a le mot sectarisme de même origine étymologique. Les sectes n'existent pas dans les pays où règne la dictature ; elles fleurissent au contraire dans les pays démocratiques où la liberté de pensée est respectée.

Il y aurait plusieurs centaines de sectes par le monde[3] : Moon, l'église de scientologie, Krishna, Enfants de Dieu, Famille d'amour, Témoins de Jéhovah, Pentecôtistes, Christ du Mat Favet, Synanon, Zen, Davidiens, Temple du Soleil, etc. Le phénomène des sectes correspond parfois à un « retour » du religieux. Il témoigne plus souvent d'une sorte de course à l'irrationnel dans des sectes conduites par de « doux dingues », mais aussi et c'est le plus fréquent par de redoutables manipulateurs.

Des jeunes quittent tout : famille, amis, études, travail, pour devenir les fidèles de « marchands de bonheur » ou d'un « gourou », dans des communautés qui sont de véritables entreprises commerciales ; certains prophètes seraient à la tête de fortunes considérables. Il y aurait aux USA plusieurs millions d'adeptes et, en France, plus de cent mille dont la majorité ont moins de 30 ans. Les témoins de Jéhovah compteraient 10 millions de pratiquants dans 258 pays parmi

---

1. J. Lévy Valensi et J. Delay, *Délire archaïque, astrologie, envoûtements, magnétisme.* Soc. Mec. Psychol, 12 juillet 1934 ; *Sorciers et Possédés.* Gaz. des Hôp., 108, n° 97, 4 déc. 1935 ; M. Eck, *Réflexions psychiatriques sur la possession diabolique*, La Nouvelle Presse Médicale, 1979, 8, n° 35.
2. G. Lazorthes, *Le Cerveau et l'Esprit. Complexité et Malléabilité*, Flammarion, 1982.
3. Ch. Plume et X. Pasquin, *Encyclopédie des sectes dans le monde*, Alain Lefeuvre, 1980. A. Woodrow, *Les Nouvelles Sectes,* Le Seuil, 1977.

lesquels plusieurs millions d'agents de propagation de la doctrine. Hélène Carrère d'Encausse, dans un article intitulé l'Empire des Sectes[1], analyse leur pouvoir et remarqué à quel point, dans un pays enclin au mysticisme et où se sont toujours multipliés les thaumaturges, les prédicateurs, les chamanes divins et sorciers, la chute du communisme laisse libre cours aux croyances populaires irrationnelles. Dans le même numéro, Jean-Marie Rouart remarque « l'âme slave éprise d'absolu et d'abîme que le rationalisme occidental n'a fait qu'effleurer, ritualiste, magique, est prête à se livrer au premier enchanteur venu... à s'attacher éperdument à n'importe quelle secte religieuse... »

Les sectes attirent le plus souvent des personnes jeunes qui ont besoin de croire, de faire confiance en une doctrine, à un chef. La société, le progrès, la science les épouvantent ; ils y constatent le non respect des valeurs morales ou la menace d'apocalypse nucléaire. D'une manière générale, toute mystique ou idéologie fait montre de manichéisme : le bien est d'un côté, le mal de l'autre. Les idéologies matérialistes tel que le marxisme, qui ont promis le bonheur terrestre et qui ont échoué, les laissent démunis, désemparés. La religion, dans son désir de prendre part aux problèmes temporels, a mis en veilleuse les mystères et le merveilleux. Ils ne se sentent plus soutenus ; dans leur désarroi, ils cherchent une sécurité affective et se réfugient dans des sectes qui mettent en accusation le monde moderne...

Le processus de conditionnement par de faux missionnaires est d'une affligeante banalité mais d'une redoutable efficacité. Les concepts proposés sont puérils, abêtissants. B. Filaire distingue trois phases dans l'entreprise de déshumanisation : 1°) Une phase de séduction tient compte des motifs de désarroi, des préoccupations du nouvel adepte. « On propose tout d'abord à la future victime, écrit Roger Ikor[2] (dont un fils pris au piège s'est laissé mourir de faim), des cours de théâtre, de musique, de philosophie, aussi bien que des régimes alimentaires. 2°) Viennent ensuite progressivement la rupture avec le passé, la famille, la destruction physique, ensuite psychique. L'intégration dans le programme du groupe comprend : chants, discours, critiques du monde, matraquage intellectuel par une information faite de slogans chocs, activités musculaires intensives, privation de sommeil, sous-alimentation, absorption de drogues hypnoïdes. 3°) La soumission totale. Le jeune homme, la jeune femme mis en condition, se transforment en zombie et sont fiers de l'être. Ils sont persuadés de détenir la vérité et le salut, et ceci d'autant plus qu'ils ont moins de personnalité et de culture. Ils peuvent être conduits jusqu'au suicide collectif comme les 900 fidèles de la secte du Temple du Peuple de James Jones à Guyana en 1978 ou les 86 membres de la secte des Davidiens de Waco (Texas) (dont 24 enfants) qui ont préféré le 19 avril 1993 le suicide collectif par le feu à la reddition. D'autres fois, c'est l'assassinat des membres de la secte et de leurs enfants et le suicide des assassins comme dans la secte du Temple du Soleil (1994 et 1995). Dans un ouvrage intitulé *Le Viol psychique*, Morin[3] démontre comment le manque de sommeil, la fatigue, la sous-alimentation provoquent la disparition du sens critique et la soumission à la volonté d'un individu. Le gourou paranoïaque est capable de convaincre d'autres malades mentaux par un raisonnement faux mais bien construit. Lafayette Ron Hubbard, qui a fondé l'église de scientologie en 1954, professait avant sa mystérieuse disparition qu'il vivait depuis quelques millions d'années après des réincarnations successives.

---

1. *Le Figaro,* 25 mai 1992.
2. Roger Ikor, *Je porte plainte,* 1981 — *La tête du poisson. Les sectes, Un mal de civilisation,* 1983, Albin Michel.
3. Morin, *Le Viol psychique,* Le Seuil, 1981.

Sun Myung Moon, « soleil brillant et lune », dirige des entreprises dans de nombreux pays et possède une fortune considérable. Vernon Wayne Owell alias David Koresh, 33 ans, se disait le Christ réincarné...

Une association de défense des familles et de l'individu (A.D.F.I.) constituée de parents, d'enfants enrôlés dans les sectes, a été constituée en France.. D'anciens moonistes ont mis au point des techniques de déprogrammation pour effacer les effets du lavage de cerveau pratiqué par les sectes.

Dans un rapport établi en 1982 après six mois d'enquête et présenté à l'Assemblée Nationale, Alain Vivien a dressé un tableau précis chiffré des sectes en France et proposé des contre-attaques légales et mesurées à ce fléau de la société moderne. Dans ce rapport, il y a non seulement un recueil de témoignages dramatiques mais aussi l'énumération des infractions au Code pénal commises par les sectes qui sont des armes dont il faut se servir : séquestration de personnes, détournement de mineurs, homicide involontaire, non-assistance à personne en danger, escroquerie et abus de confiance, outrages aux bonnes mœurs et voies de fait... En conclusion, le rapport Vivien propose neuf « moyens d'action antisecte », mesures de surveillance et de recours.

Les cas de folies collectives sont nombreux dans l'histoire. Ph. de Felice[1] et G. Heuyer[2] les rappellent dans leurs ouvrages. Ils nous laissent plus désarmés que par le passé car le respect de la liberté et des droits de l'individu, le tolérance vis-à-vis de toutes les croyances interdisent en régimes démocratiques d'agir par contrainte pour sauver des malheureux envoûtés et exploités.

4) Les extraterrestres

Des rêves qui paraissaient insensés se sont réalisés : les avirons passent le mur du son et traversent les océans sans pilote, les hommes ont été sur la Lune, ont posé « Viking » sur Mars, ont lancé des engins qui vont observer les planètes du système solaire. La conquête de l'espace est au programme. L'imagination travaille. Autrefois, on voyait des anges descendre sur Terre, aujourd'hui ce sont des soucoupes volantes et des êtres effrayants venus d'autres planètes et porteurs d'une technicité bien plus avancée que la nôtre. L'invasion de la Terre par des extraterrestres est le thème d'ouvrages et de films de science-fiction. Robert Charroux[3] nous « apprend que nos grands ancêtres venus du Cosmos, peut-être de Sirius ou plus simplement de Vénus, étaient des Aryens qui s'installèrent en Hyperborée, capitale Thulé ; ils étaient l'élite, les maîtres du monde. Les Atlantes, produits de croisement entre Hyperboréens et habitants de la Terre, formaient une race moins noble...

Après la mission des sondes américaines « Viking » sur Mars, certaines prévisions erronées vont devoir être révisées. Mars mérite de conserver le nom de planète rouge, couleur qui lui a fait donner depuis longtemps le nom du dieu de la guerre, mais on n'y trouve ni les canaux sortis de la fausse interprétation de G. Schiaparelli (1877) et de F. Lowell (1903), ni les petits êtres verts. Les extraterrestres imaginés dans les histoires de fiction écrites ou filmées ont toujours un aspect se rapprochant de l'Homme : ils sont verticaux, ils ont souvent une grosse tête surmontée d'antennes, ce qui suppose qu'ils sont plus intelligents et ont des sens plus aiguisé et plus étendus... Il y a cent ans, les premiers Martiens débarquaient sur la Terre : hideuses créatures sorties de l'imagination d'Herbert George Wells[4]. Il eut de nombreux descendants dans les écrits ou sur les écrans.

---

1. Ph. de Felice, *Foules en délire, extases collectives*, Albin Michel, Paris, 1947.
2. F. Heuyer, *Les Psychoses collectives*, 1962.
3. R. Charroux, *Histoire inconnue des hommes depuis 100 000 ans,* R. Laffont édit.
4. H. G. Wells, *La Guerre des mondes,* 1897.

Il n'est pas déraisonnable de supposer que, dans l'immensité de l'Univers, dans les milliards de galaxies faites chacune de milliards d'étoiles, il a pu se trouver sur une planète de l'une de ces étoiles, des conditions favorables à la naissance de la vie, comme cela fut sur l'une des planètes du système solaire : la Terre. Il semble par contre que l'on puisse conclure à la non-existence de la vie sur les autres planètes du système solaire : Vénus est trop chaude ; Nepture et Saturne sont trop froides ; Mars dont les conditions sont comparables aux nôtres mais avec une température inférieure a été explorée par Viking qui n'y a pas trouvé trace de vie. Il faut donc projeter notre imagination au-delà du système solaire dans l'une des planètes satellites des étoiles de notre galaxie ou dans une autre galaxie...

En admettant que des êtres vivants existent dans un autre point de l'Univers, ils sont probablement différents de nous du point de vue physique, biologique et psychique... ? Il faudrait de plus qu'ils aient atteint, après des milliards d'années d'évolution, un niveau d'intelligence suffisant pour avoir inventé des systèmes de communication qui traversent des distances de millions d'années-lumière et, si cela était, que nous soyons aptes à recevoir et à comprendre des messages dans un langage qui a toutes les chances de ne pas ressembler aux nôtres... À tout hasard toutefois, C. Sagan[1], qui participe aux programmes Voyager américains, a fait envoyer vers les mondes lointains des messages codés... ?

Depuis deux à trois décennies, l'attention du public a été attirée de façon insistante par la presse et par des ouvrages sur des observations classées sous la rubrique « d'O.V.N.I. » (objets volants non identifiés), encore appelés soucoupes volantes en raison de leur forme. L'étude de C. Poher comporte une importante statistique faite de 1 000 cas d'observations de soucoupes volantes, parmi lesquelles 825 témoignages, dont 220 français, sont seuls analysés. En fait, sur les 825 cas, 31 % ont été extraits d'une revue pour « soucoupistes » fanatiques et 60,64 % de livres de science fiction ; seuls 8,36 % ont pour origine des rapports officiels ou assimilés. Encore une fois ont été mélangés les faux grossiers, les confusions flagrantes et les canulars avec quelques cas plus sérieux, à vérifier. Toutefois les témoins étaient de toutes catégories socio-professionnelles. Les objets étaient de forme variable mais généralement arrondie. Leur taille variait de un mètre à dix mètres. La vitesse allait de l'arrêt à 2 500 km/h. Quinze pour cent avaient atterri et les traces de l'atterrissage ont été relevées dans la moitié des cas ; il en était sortit quelquefois un personnage de petite taille qui s'était enfui à l'approche du témoin ; le départ s'était fait avec une étonnante accélération. La fréquence était plus grande la nuit et entre 21 heures et minuit ; le ciel était le plus souvent pur. Un autre rapport publié aux États-Unis[2] conclut que, sauf un très petit nombre de phénomènes inexpliqués, il semble évident que les quatre-vingt-dix-neuf centièmes des U.F.O.S[3]. relèvent de l'hallucination individuelle ou collective, et de déments.

Les « soucoupophobes » et les « soucoupophiles » continuent à s'opposer. Une enquête sur les O.V.N.I.S. n'est pas simple. Peu de témoignages sont objectifs. Un groupe d'étude des phénomènes aéro-spatiaux non identifiés (le G.E.P.A.N.) a été créé en 1977 par le Centre National d'Études Spatiales (le C.N.E.S.), organisme auquel collaborent des ingénieurs du Centre et des chercheurs du C.N.E.S. Les gendarmeries qui sont alertées par des témoins doivent informer aussitôt le G.E.P.A.N. qui met en branle toute une équipe d'enquêteurs qui viennent sur place, observent et interrogent. Ou ils découvrent

---

1. Carl Sagan, *Cosmos,* Mazarine, 1981.
2. London Report, *Scientific Study of Unidentified Flying Objects,* Bantam Books, 1969.
3. U.F.O.S. (Unidentified Flying Objects).

l'erreur d'interprétation... un hélicoptère privé ! ou ils concluent à un objet non identifié. S'il n'y a pas d'explication, trop souvent, le grand public invoque le fantastique et le surnaturel plutôt que de penser qu'une réponse rationnelle interviendra un jour... Lorsque l'enquête est menée tardivement, elle perd de sa valeur car on sait le travail que peut faire avec le temps l'imagination et la fragilité des témoignages humains, surtout s'ils sont de deuxième ou troisième main ; la majorité des récits sont d'une extrême indigence sur les particularités de l'objet ou des passagers lorsqu'ils sont signalés : ils ressemblent alors de façon étonnante aux petits hommes verts des bandes dessinées.

L'extrême de l'extravagance a été atteint lorsqu'il fut question d'enlèvement par les extraterrestres. Franck Fontaine prétendit avoir été enlevé pendant huit jours en novembre 1979. Antonio Villas Boas au Brésil, Valdes au Chili, Barney et Betty Hills aux USA, ont prétendu avoir vécu la même aventure. Le plus étonnant n'est pas qu'il se trouve des particuliers pour inventer des histoires invraisemblables mais des journalistes pour leur donner un ton de véracité et un public pour leur accorder du crédit.

Un certain nombre d'objets peuvent être pris pour des soucoupes volantes : météorites, destruction par combustion des satellites à leur entrée dans les couches denses de l'atmosphère, lancement de ballons sondes, manœuvres militaires. L'ignorance, les conditions d'observations, les troubles de la vue, la suggestibilité, l'émotivité, l'affabulation sont à l'origine de bien des histoires d'O.V.N.I.S. Le « témoin » raconte à des amis qui interprètent à leur manière et agrémentent de détails nouveaux, surtout si un journaliste les interroge. Nombreux sont ceux qui ne demandent qu'à croire. On doit constater que les O.V.N.I.S. sont signalés dans les pays occidentaux et que jamais ils n'apparaissent en Afrique et en Asie. Le mythe prend très vite le pas sur la réalité car un incoercible besoin d'irrationnel occupe l'esprit des humains.

CONCLUSION

Le marché de l'irrationnel est aujourd'hui florissant. Les phénomènes paranormaux fascinent. Jamais les occultistes de tous acabits n'ont été aussi nombreux et aussi variés : mages, illusionnistes, hypnotiseurs, théosophes, guérisseurs, radiesthésistes, spirites, astrologues, pythonisses, voyantes... pullulent. Une abondante et inépuisable littérature sur le fantastique et sur l'occultisme connaît un grand succès ; un ouvrage sur Nostradamus a pulvérisé les records d'édition. Un festival du film sur les phénomènes paranormaux a lieu tous les deux ans. Des personnes sensées, apparemment raisonnables et instruites, sont inhibées par la superstition, croient aux « esprits » et font confiance aux thaumaturges. On ne peut pas en vouloir aux ignorants de confondre science et illusionnisme ; l'homme est par nature mu par un besoin d'évasion vers le merveilleux, le fantastique, même absurde. On supporte par contre mal que ceux qui ont la possibilité de savoir, et ceux qui savent, aient si peu d'esprit critique. Une prétendue « science nouvelle » ou « science parallèle » ? est opposée à ce qui est appelé « science officielle des savants rationalistes » ! Comme si une science pouvait être ou ne pas être officielle et comme si des savants pouvaient être irrationnels !

En fait, on a tort de croire à la généralisation du bon sens et du savoir. La naïveté et la crédulité sont des permanences de l'esprit humain. L'ignorance des faits les plus élémentaires dans laquelle vivent beaucoup, même dans les milieux les plus évolués, est attristante. D'un sondage commandé par le Centre National d'Études Spatiales, il résulte qu'à la question « Est-ce la Terre qui tourne autour du Soleil ou l'inverse ? », un français sur quatre répondit : c'est le Soleil qui tourne autour de la Terre : Copernic et Galilée ont dû sursauter dans leur tombe ! Pas moins de 35 % des Français croient aux soucoupes volantes et aux extraterrestres... « Rien mieux que la bêtise humaine ne donne l'idée de l'infini » (E. Renan).

Le fait nouveau est que le monde de l'étrange se veut scientifique. Les arts magiques tentent de prendre l'apparence de sciences authentiques : des astrologues prétendent rendre leurs prévisions plus « scientifiques » en utilisant un ordinateur. Les magiciens s'efforcent de cumuler les avantages du prestige de la Science et ceux du mystère. Les illusionnistes, qui transmettent la pensée à distance, tordent les objets ou communiquent avec des esprits... n'avaient pas la prétention de ceux qui se baptisent parapsychologues et qui bâtissent des hypothèses prétendues scientifiques. Les « fausses sciences » occultes ont pénétré dans certaines sphères officielles. « Depuis quelques années, écrit Jean Bernard[1], la magie cherche à revêtir une robe scientifique... C'est ainsi que sont préparés d'horribles mélanges où se trouvent associés la sagesse hindoue, la caverne de Platon, William Blake[2], l'électroencéphalographie, les réflexes conditionnés, les enzymes les plus raffinés, les rythmes circadiens, les champs magnétiques... » Ainsi s'étend une magie neuve, enveloppée des oripeaux d'une pseudo-science. Elle envahit certains laboratoires ; rien de plus naïf qu'un savant dans un domaine qui n'est pas le sien... La nature est toujours de bonne foi dans les laboratoires ; cela explique que d'authentiques scientifiques acceptent avec une crédulité d'enfants des pseudo-faits de télépathie et de radiesthésie.

Les moyens d'information : presse, radio, télévision, accordent beaucoup d'attention aux phénomènes dits « paranormaux ». Il serait dans leur rôle au contraire de faire comprendre ce que sont la connaissance et la rationalité. Ils maintiennent la confusion en mêlant le vrai et l'illusion, le prouvé et l'imaginé. Comment pourrait-on le leur reprocher ? Le Colloque de Cordoue organisé par France Culture (octobre 1979), qui fut une sorte de rencontre officielle de la science et de l'irrationnel, constitue un insupportable mélange de genres. Il a réuni des psychologues, des spécialistes des doctrines extrême-orientales et des physiciens. O. Costa de Beauregard déclara : « Les phénomènes fondamentaux de la para-psychologie sont logiquement impliqués par le formalisme de la mécanique quantique et de la relativité ». Il parla d'un « télégraphe spatio-temporel » qui rendrait possible la voyance aussi bien dans le passé que dans le futur, c'est-à-dire la précognition... !! Quel charabia ! Tout au long de l'année 1980, d'innombrables articles, émissions, ont évoqué cette rencontre ; certains pour en faire un événement unique par le fait qu'il représenta le dialogue de différents modes de pensée jusque-là coupés les uns des autres ; d'autres, dont A. Kastler et J.-C. Pecker, pour en contester la qualité et l'honnêteté scientifique, pour déplorer la publicité qui en fut faite et pour critiquer la participation de vrais scientifiques[3].

La science vit-elle en une crise due à son excès de rationalisme ? Est-elle sur le point de prendre en compte ce qui, jusque-là, était magie ? L'affirmation de Max Born (1923), selon laquelle au niveau des particules infiniment petites on ne peut que prédire des probabilités, l'énoncé du principe « d'incertitude » par W. Heisenberg et la déclaration de Niels Bohr selon laquelle la matière ne peut être décrite comme elle est en elle-même mais comme elle apparaît, ont fait

---

1. J. Bernard, *L'Homme changé par l'Homme*, Buchet-Chastel, 1973.
2. Poète, peintre et visionnaire du XVIIIe siècle.
3. J. C. Pecker et A. Kastler, « Le flou, le ténébreux, l'irrationnel », *Le Monde,* dimanche, 14-09-80.

mettre en doute le principe du déterminisme universel qui conditionnait aussi bien le mouvement des astres que la chute des corps. Einstein ne peut se résoudre à sa perte ; dans un article fameux en 1935, il s'exclama : « Dieu ne peut pas jouer le monde aux dés ». Ce qui signifie que l'interprétation indéterministe de la mécanique quantique ne permet pas de conclure à l'irrationalité du monde.

Est-ce un phénomène sociologique ? L'irrationalisme ne subsiste pas seulement parmi les personnes exclues de l'enseignement long ou chez les personnes âgées ; il est aussi très vif chez ceux qui sont cultivés et dans les générations les plus jeunes. Il résulte d'enquêtes sérieuses que 33 % des cadres supérieurs, 34 % des personnes ayant suivi des études supérieures croient aux phénomènes para-normaux. 50 000 astrologues et voyants exercent en France, 400 000 sont affiliés à des sectes, 10 millions ont consulté un astrologue ou une voyante, 60 % croient à l'explication des caractères par l'astrologie et 45 % aux prévisions des voyantes. C'est attristant ! Les femmes croient nettement plus que les hommes à l'astrologie et aux paranormal, surtout si elles sont isolées ou divorcées... Se réfugie-t-on dans le paranormal comme on le fait dans les drogues par insatisfaction ? Croit-on que le sort individuel dépend de la conjonction des astres, en conséquence de l'angoisse créée par une situation familiale, sociale, professionnelle ?

Les « croyants » voient des faits et les déclarent indubitables là où les « sceptiques » ne voient rien de probant. « L'homme voit ce qu'il sait » a dit Goethe. Les preuves fournies aux partisans des pouvoirs occultes, selon lesquelles les résultats ne sont pas supérieurs à ceux du calcul des probabilités, n'ont aucune chance de réduire le besoin de merveilleux qu'ils portent en eux. « Nous respectons la raison, mais nous aimons nos passions » (Alain). La vague d'irrationalisme constatée représente peut-être une réaction à la science toute puissante et aux méthodes rationnelles classiques qui réduisent tout en termes de mesure et donnent l'image d'un monde désenchanté. Chaque pouvoir engendre un contre-pouvoir ! Deux siècles de science rationnelle n'ont pas libéré le monde civilisé des superstitions et de la magie. Les hommes préféreront toujours les rêves aux réalités ; le paranormal, le fantastique représentent une fuite devant la réalité médiocre et l'insatisfaction. Il y a peu d'espoir d'éclairer les illuminés et de ramener les mystificateurs et les escrocs sur le chemin de la vertu, mais on ne peut pas se lasser de tenter d'informer les égarés et de prévenir les victimes.

Beaucoup de ceux qui croient aux parasciences ne sont pas pour cela opposés à la science ; ils pensent que les scientifiques doivent étendre leur activité de recherche aux pratiques paranormales !

*

Un scientifique ne doit ni tout croire, ni tout nier *a priori* des phénomènes qui sont inexplicables en l'état actuel des connaissances. Les découvertes ont plus d'une fois ridiculisé ceux qui avaient déclaré leur impossibilité : les disciples de Descartes à la fin du XVIIe siècle ont jugé la théorie newtonienne de l'attraction universelle complètement absurde ! Des scientifiques ont manifesté leur scepticisme lorsque l'électromagnétisme est né ! La théorie de la relativité a été jugée fantaisiste ! Le plus lourd que l'air ne devait jamais pouvoir voler... ! La désintégration des corps radioactifs était inimaginable... ! l'atome était insécable... ! Les faits doivent être examinés avec d'autant plus d'attention qu'ils sont difficiles à admettre. On les rejette d'ailleurs parfois avec regret : qui ne souhaiterait correspondre à distance avec ses amis et dans l'au-delà avec ses disparus, et qui ne souhaite connaître l'avenir ?

Malheureusement, cela n'arrive qu'à ceux qui y croient ou qui en vivent. G. Majax[1] donne une liste des tours employés par les fraudeurs de la parapsychologie.

M. Boll[2] déclare que tous ceux qui se sont prêtés à des expériences n'ont jamais rien constaté. « Après une centaine de séances... j'estime avoir quelque droit à apprécier pour ce qu'ils valent les phénomènes qualifiés de supranormaux ; ils ne sont, en tout cas, plus familiers qu'à bien des personnes qui sans avoir rien vu ni chercher à voir, se prononcent hardiment en faveur du mystère. Or, ma conclusion est simple et formelle, elle tient en un mot : rien ». Et Jean Rostand : « La coïncidence, la fraude, l'imagination, la crédulité, le manque d'esprit critique, etc, suffisent à rendre compte de tout ce qui est raconté sur la télépathie, sur la clairvoyance, sur la prémonition, la télékinésie, le magnétisme animal, etc. »

---

1. G. Majax, *Le Grand Bluff, les escrocs de la parapsychologie*, Nathan, 1978.
2. M. Boll, *L'Occultisme devant la science*, PUF, 1947.

Troisième partie
L'imagination puissance créatrice

> « L'imagination prête un corps aux choses inconnues ».
>
> W. Shakespeare (*Le Songe d'une nuit d'été*)

Difficile à maîtriser, l'imagination entraîne souvent notre pensée vers l'extravagance et l'irrationnel ; si nous en faisons notre maîtresse, elle devient la « folle du logis ». Sollicitée et orientée, elle est au contraire une puissance génératrice de belles œuvres. Qu'il s'agisse des sciences de l'inerte, de l'astrophysique à la physique nucléaire, des sciences du vivant, de la biochimie à la biologie moléculaire, ou des sciences humaines, de l'anthropologie à la psychologie, qu'il s'agisse des arts ou de la littérature, elle intervient autant, et souvent plus, que la froide raison et sa logique pour créer le beau et découvrir le vrai.

Le mot « créer » signifie donner une existence à partir de rien. Prise à la lettre, la création serait l'apanage exclusif du divin et l'attribution à un être humain du pouvoir de créer et serait une sorte de blasphème. De fait, les créations de l'homme dans les domaines culturel, philosophique, artistique, scientifique, ne sont jamais *ex nihilo*.

La découverte c'est trouver ce qui est inconnu mais existant ; l'invention, créer un objet nouveau. « L'écrivain, l'artiste créent, l'homme de science découvre » (Jean Bernard[1]).

I - LA CRÉATIVITÉ

1. La créativité, faculté essentiellement humaine

Les animaux font preuve d'intelligence, mais il n'en est pas qui soit créateur. Les cellules hexagonales d'une ruche, les termitières, les nids de différents types, le barrage hydraulique des castors... ne sont pas des créations aux variantes circonstancielles, mais des répétitions que tous les représentants de l'espèce réalisent sans originalité individuelle.

L'ordinateur le plus compliqué fait d'un nombre considérable de composants électroniques reste câblé pour remplir inlassablement les mêmes fonctions, pour exécuter un programme prédéfini. Doté d'une prodigieuse mémoire, il n'a par contre pas d'imagination... pas de passion ; ses créations sont prévisibles, sans originalité.

La créativité n'est pas nécessairement le fruit de ce qu'il est convenu d'appeler l'intelligence. Il est des hommes très intelligents qui ne sont pas créateurs. D'autres, apparemment moins doués, sont capables de réaliser une œuvre originale ou d'inventer une technique ou une machine. Les aptitudes inventives se manifestent non seulement dans les œuvres de génie artistique, littéraire, scientifique, mais aussi dans tous les actes de la vie, même les plus humbles.

La créativité repose sur un don inné. Quelle est la nature de ce don ? Correspond-il à des formations particulières du cerveau et particulièrement de l'écorce cérébrale ? Rappelons à ce propos les déclarations quelque peu utopiques de Gall au début du XIXe siècle au sujet des bosses du crâne et de leur

---

1. Jean Bernard, Conclusions du colloque « *Créer et découvrir* ». Bicentenaire de l'Institut de France (oct-nov 1995).

signification quant aux prédispositions artistiques, littéraires, musicales... Le crâne de Mozart récemment étudié a permis de constater qu'il était hyperbrachycéphalique, ce qui signifie que ses lobes temporaux étaient particulièrement développés ; or ils sont le siège des centres de l'audition... !?

Un don n'a son plein épanouissement que s'il est cultivé dès l'enfance. Le don musical est parmi ceux qui s'expriment à l'évidence : devant un même morceau, certains annonent sans progresser, d'autres l'enlèvent avec brio... Le don pour les mathématiques n'est pas moins indéniable. Les petits prodiges se rencontrent surtout en mathématiques et en musique, comme si la créativité anticipait sur la connaissance qu'elle suppose et sur les moyens qu'elle demande. Pascal inventait la géométrie avant de l'avoir apprise. Gauss à 3 ans, Ampère à 4 ans, réalisaient des opérations complexes avant de connaître lettres et chiffres ; Ampère utilisait cailloux et haricots pour symboliser ses opérations. Lautrec enfant dessinait mieux qu'il n'écrivait. Mendelssohn composait à 9 ans, il écrivit son ouverture célèbre pour le *Songe d'une nuit d'été* à 17 ans ; Mozart composa ses premiers essais à 5 ans et des centaines d'œuvres admirables avant sa mort à 35 ans ; Camille Saint-Saëns aurait connu ses notes à 30 mois ; il a donné un concert et a composé à 5 ans ?

« Les êtres d'exception et en particulier les génies créateurs conservent toute leur vie ces qualités de l'enfance que sont la curiosité, l'imagination et la créativité » (A. Bourguignon[1]).

2. Y a-t-il un âge pour la créativité ?

Constatons tout d'abord que la créativité est passagère chez certains et soutenue à longueur de vie chez d'autres. Arthur Rimbaud renonça délibérément aux lettres à 19 ans après avoir « révolutionné » la poésie française. Racine a cessé un beau jour d'écrire des tragédies. Verlaine ne trouva l'inspiration qu'à des moments particuliers et très courts de son existence. Van Gogh a démarré sur le tard et sa créativité n'a duré que dix ans. À l'inverse, Shakespeare a produit en moyenne deux pièces par an durant sa vie. Léonard de Vinci fut un créateur aussi permanent que divers, d'engins de guerre et de machines volantes et d'œuvres d'art, jusqu'à la Joconde inachevée. Victor Hugo a écrit sans connaître beaucoup de creux, ni sans ralentir avec l'âge.

On a dit que la plupart des grandes réalisations originales de l'humanité ont eu pour auteurs des jeunes et, qu'après avoir produit dans sa jeunesse, on passe le reste de sa vie à exploiter ses créations et à se répéter.

La précocité existe autant dans les sciences que dans les arts. Dans une importante étude intitulée « Âge et création », H. C. Lehman a étudié la vie de milliers d'hommes et de femmes éminents à travers les siècles. À l'en croire, la plupart des savants et des artistes accomplissent le meilleur de leur œuvre entre 20 et 40 ans. La chimie serait sortie de l'œuvre d'hommes de 26 à 30 ans, les mathématiques d'hommes de 30 à 34 ans, la médecine d'hommes de 35 à 39 ans, la poésie lyrique d'hommes de 22 à 26 ans, la musique d'hommes de 30 à 34 ans. Romanciers et architectes ne seraient novateurs que de 40 à 44 ans. Einstein a conçu la relativité à 30 ans, John Keats écrivit des douzaines de poèmes entre 20 ans et sa mort survenue à 25 ans. À l'Académie des Sciences de l'Institut de France, on constate que l'âge d'élection est en moyenne de 40 à 50 ans dans la Division des Sciences Physiques dont les membres sont mathématiciens, mécaniciens, physiciens, astronomes, et de 60 ans et plus dans le domaine des

---

1. Psychoscopie. *Regards de psychiatres sur des personnages hors du commun*, Josette Lions, 1993.

Sciences Biologiques dont les membres sont chimistes ou spécialistes des biologies moléculaire, végétale, animale ou humaine. Il faut aux seconds plusieurs décennies pour faire des découvertes et pour accumuler des résultats qui méritent d'être pris en considération.

Les créateurs écrivains, artistes et compositeurs, ont trouvé davantage l'inspiration dans la douleur et dans la peine que dans la joie et le bonheur. Les plus beaux romans, les plus belles œuvres poétiques ont été inspirées plus par des amours interdits, contrariés, non partagés, que par des amours satisfaits. Les poètes romantiques prirent l'inspiration dans la souffrance. Musset, poète aux amours tristes, cherchait la consolation dans l'alcool et dans la poésie. Tout le monde a récité : « L'homme est un apprenti, la douleur est son maître » (*Nuit d'octobre*). « Rien ne nous rend si grand qu'une grande douleur » (*Nuit de mai*). Les nations opprimées ont donné naissance à des génies de la musique : le Polonais Chopin, le Hongrois Listz, le Finlandais Sibelius. Le génie créateur pourrait aussi être stimulé par des absences ou des pertes parentales précoces. Beaucoup de grands leaders seraient des orphelins, des bâtards, des enfants abandonnés. Dix des douze Césars étaient orphelins. Quant à la mort précoce des parents, on constate d'après Eisenstadt les similarités géniales et psychotiques de Baudelaire, Camus, Bruegel, Leibnitz, Confucius, Delacroix, Poe, Puccini, Rubens, Saint-Saëns, Tolstoï.

On a insisté sur la multiplicité des facettes des êtres d'exception. Certains étonnent par leur contribution à l'œuvre humaine et aussi par leur originalité. On décèles parfois une infime dose de folie. Génie et folie ! Il est certain que des créateurs de génie ont été victimes de fluctuations de leur humeur : excitation ou dépression et même vraie psychose nécessitant des soins. La prolifération parfois surabondante de l'imagination dans certaines maladies mentales a fait dire à Taine que « nos grands coloristes littérateurs ou peintres sont des visionnaires surmenés ou détraqués ». Le célèbre aliéniste Moreau (de Tours) a soutenu que le génie est une névrose. En réalité, si le dément est prisonnier de l'automatisme, il ne connaît, comme le souligne J.-P. Sartre, ni hésitation, ni doute ; au contraire l'artiste, le poète, expriment des inquiétudes, des hésitations ; ils s'arrêtent parfois, réfléchissent et se contrôlent.

On se demandera toujours ce qu'auraient pu faire Mozart, Toulouse-Lautrec, Van Gogh, Musset... s'ils n'avaient pas été malades et s'ils n'étaient pas morts dans la trentaine. Mozart, Chopin, Schubert sont décédés respectivement à 35, 39 et 31 ans, le premier sans doute de tuberculose intestinale, le second de tuberculose pulmonaire, le troisième de syphilis. La médecine les guérirait aujourd'hui !

Corps et esprit ne vieillissent pas en même temps. Le corps atteint sa plénitude de capacité très tôt. La plus grande résistance et les plus grandes performances physiques sont réalisées par les jeunes ; la plupart des champions ont moins de 30 ans ; certains, surtout les nageurs, les coureurs et les gymnastes, moins de 20 ans. La régression ultra-rapide des performances sportives est en soi affligeante. L'humanité serait bien peu de chose si l'intelligence et les capacités créatives suivaient la même évolution. L'involution physique est peut-être un stimulant. « Moins de réflexe, plus de réflexion ! » Les connaissances, le vocabulaire, l'intelligence, le discernement et la pénétration ne faiblissent pas linéairement avec l'âge chez ceux qui pratiquent l'entraînement mental comme d'autres l'entraînement physique. On cite plus d'un grand créateur qui n'étaient plus de première jeunesse lorsqu'ils réalisèrent le meilleur d'eux-mêmes en littérature, en art, en musique, en science ou en politique.

On connaît autant de vieillards prodigieux que d'enfants prodiges. Sophocle (496-406), qui vivait au Ve siècle av. J.-C. dit Siècle de Périclès, aurait écrit la tragédie *Œdipe* à 85 ans. Théophraste (372-287), disciple de Platon et d'Aristote, commença les *Caractères,* dont s'est inspiré La Bruyère, à 90 ans. Caton (234-149), homme politique romain, aurait appris le grec à 80 ans bien qu'il ait combattu toute sa vie la culture et les mœurs helléniques. Nicolas Copernic (1473-1543) publia à 70 ans son immortel traité intitulé *De revolutionibus orbium coelestium* (1543) dans lequel il démontra les insuffisances du système de Ptolémée et élabora la théorie nouvelle de l'héliocentrisme du système planétaire. Kepler et Copernic poursuivirent son œuvre : la Terre n'est pas le centre du monde. Verdi créa *Othello* à 74 ans, *Falstaff* à 80 ans, le *Te Deum,* le *Stabat Mater* et l'*Ave Maria* à 85 ans. Ingres a peint le *Bain turc* à 82 ans et *Jésus au milieu des docteurs* à 87 ans. Darwin rédigea sa théorie de l'évolution à 70 ans. Victor Hugo publia *La Légende des siècles* à 75 ans. Goethe, Kant, Turner, Rodin furent actifs dans leur création après 70 ans. Picasso a produit toute sa vie. On peut admettre qu'avec l'âge le style évolue dans le sens d'un approfondissement et d'une intériorisation de la personnalité. De nombreux hommes d'État ont conduit leur pays après 70 ans : Winston Churchill, Konrad Adenauer, de Gaulle, de Valera... Certains pensent qu'à notre époque atomique, il est préférable de confier la conduite du monde à des personnes d'âge mûrement entraînées à l'action prudente.

Les jeunes veulent innover, créer des œuvres et des modes à leur goût, transformer la société selon leur conception impétueuse et aventureuse ; leur flambée créatrice est stimulée par la longueur de vie ouverte devant eux et n'est pas inhibée par l'expérience. L'âge apporte le scepticisme ; il est tentant de s'adonner à la spéculation et de se retirer sous sa tente après les combats passés. Cela explique plus d'une baisse de créativité. Mais il n'y a là ni fatalité, ni déterminisme. Ni la brièveté du temps qu'il reste à vivre, ni le poids du vécu n'ont de quoi détendre les ressorts du besoin et de la joie de créer.

G. W. Hegel (1770-1831[1]) nous fournit une conclusion possible à ce paragraphe : « Le génie fermente et bouillonne dans la jeunesse, comme on le voit en exemple dans Schiller et dans Goethe, mais ce n'est qu'à l'âge mûr ou à la vieillesse qu'il appartient de produire l'œuvre d'art dans sa vraie maturité et sa perfection ».

3. Le rôle de l'imagination dans la création

De nombreux artistes, écrivains, philosophes, savants... ont exalté le rôle de l'imagination. W. Shakespeare (1564-1616) : « Et comme l'imagination donne un corps aux choses inconnues, la plume du poète leur prête forme et offre à un rien impalpable une demeure et un nom ici-bas » (*Le Songe d'une nuit d'été*, V, I). Marcel Proust : « Le monde extérieur est soumis à ses lois, mais il est inconnaissable. Nous ne connaissons du réel que des images éclairées par nos propres projecteurs et nous disons qu'une femme est belle parce que nous l'aimons. Quant au monde intérieur, il nous échappe étant en perpétuel changement. Seul le monde de l'art est absolu et il est perçu lui aussi par intuition... » W. Blake (1757-1827), poète, peintre et graveur : « Ce qui est maintenant prouvé a d'abord été imaginé ». Goethe (1749-1832), dans son roman *Wilhelm Meister* : « Un ouvrage d'imagination doit être parfait ou ne pas exister ». G. W. Hegel (1770-1831) précise que, de l'imagination légère, il ne

---

1. G. W. Hegel, *Esthétique*, 1820.

peut sortir une œuvre forte et solide : « L'artiste doit appeler à son aide à la fois une raison active et fortement éveillée et une sensibilité vive et profonde. C'est une erreur grossière de croire que des poèmes comme ceux d'Homère se sont formés comme un rêve pendant le sommeil du poète... » H. Bergson (1879-1955) dans le même sens : « L'intelligence discursive ne peut saisir que la matière inanimée soumise aux lois physico-chimiques ; la vie est plus, elle est faite d'un élan libre créateur exprimé par des instincts et des intuitions ». A. Einstein (1879-1955) : « L'imagination est plus importante que le savoir ; elle est le vrai témoin de germination scientifique ».

Au-delà de leur savoir et de leur expérience, écrivains, artistes, savants, élaborent des hypothèses ; ils laissent une grande liberté à leur imagination. En art comme en pensée, l'homme oscille entre deux pôles : le réel et l'imaginaire. L'artiste et le savant ont des tempéraments de visionnaire. L'artiste donne une forme personnelle au réel ; sa volonté est de créer un monde irréel. « Aucun artiste, a dit Nietzsche, ne peut tolérer le réel ». Le scientifique cherche vainement à appréhender la réalité, il se méfie des images qui la brouillent, il refoule les métaphores. « La science est l'asymptote de la vérité, elle l'approche sans cesse et ne la touche jamais », a écrit Victor Hugo. Dans l'art règnent l'imagination et la fantaisie. Dans la science, le quantitatif, la reproduction exacte de la réalité... l'intervention de l'imagination paraît au prime abord moins indispensable... elle est même suspecte... Opposition toute théorique !

On peut généralement retrouver dans la gestation d'une œuvre trois phases parfois télescopées, de durée et d'importance variables. Chacune met en évidence des facultés particulières ; dans toutes, intervient l'imagination.

1 - *La phase de préparation.* Une œuvre jaillit rarement sans préalable ; elle est le plus souvent la combinaison d'éléments déjà présents dans l'esprit du créateur ou de ses précurseurs. « La chance ne favorise que les esprits préparés » (Louis Pasteur).

Pour toutes les découvertes, pour toutes les créations, surtout scientifiques, on peut trouver des précurseurs[1]. L'inventeur scientifique a toujours des précurseurs, et toujours aussi des continuateurs. L'histoire a parfois des difficultés pour reconnaître le vrai initiateur. Les précurseurs ont souvent simplement émis des hypothèses et fait jouer leur imagination. Ils sèment des idées qui meurent faute de terrain favorable ou qui prennent racine et fleurissent.

Il est parfois difficile de fixer le moment de la découverte. Quels cheminements de la loupe au microscope, du thermomètre de Drebbe à celui de Newton, du tube de Toricelli aux baromètres de Pascal, de la galène aux semi-conducteurs, de la trachéotomie croupale de San Severin (XVIIe siècle) à celle du XXe siècle, de l'atomisme d'Anaxagore et de Démocrite, il y a 25 siècles, à la physique nucléaire des Curie, de l'héliocentrisme d'Aristarque (IIe siècle av. J.-C.) à Copernic et Galilée... ! Qui a inventé ou découvert la poudre ? Le moine allemand Schwartz ou le moine anglais Roger Bacon ? Les Chinois, les Indiens, ou les Arabes ? Qui a créé l'imprimerie ? L'inventeur des lettres mobiles en bois Koster ou l'inventeur des lettres métalliques, de la presse et d'une bonne encre, Gutenberg ? Le précurseur est souvent un imaginatif, le découvreur un rationnel. Les plus jeunes méconnaissent trop souvent leurs précurseurs.

Le créateur chercheur, artiste, compositeur ou écrivain — apporte — ce qu'il est : passion, expérience, émotivité, patience. Un romancier cherche à briser l'enfermement dans lequel est son esprit, entravé par le déjà vu, le déjà entendu, les usages, les stéréotypes. Dans le but de créer une œuvre originale, il passe sa

---

1. Voir « Les précurseurs », page 100.

vie à s'analyser, à observer les hommes, les mœurs, les événements ; il découvre et enregistre tout ce qui peut servir à son œuvre et à partir de là son imagination l'entraîne au fil de la plume parfois très loin du point de départ.

La préparation se déroule-t-elle, comme on le prétend, en grande partie dans l'inconscient, aussi bien pour les œuvres littéraires que pour les scientifiques ? L'accord musical, la touche de couleur ou la solution d'un problème viendraient après une nuit de sommeil. Henri Poincaré déclara que ses découvertes importantes résultaient d'un travail inconscient. L'inconscient aurait accès à toutes les connaissances emmagasinées... d'où le conscient extrait et apprécie les réponses utiles... ? On est en peine pour dire ce qu'en fait on entend par l'inconscient ; les psychanalystes lui font jouer un très grand rôle. Arthur Koestler dit : « Le concept d'inconscient est une boîte de Pandore que les sceptiques déclarent vide quand d'autres s'en servent comme d'une valise d'illusionniste à double fond ». Plutôt que de parler d'inconscient, n'est-il pas plus simple et plus juste de dire souvenirs : subitement ils interviennent, comme la petite madeleine de Proust, pour faire jaillir l'idée créatrice ?

2 - *La phase d'incubation* et de l'inspiration. Entre la recherche méthodique et le jaillissement de l'idée ou de la solution du problème posé, se fait un travail en partie inconscient. Si parfaite que soit la qualité du cerveau et si bonne que soit la méthode, personne ne peut décider *ex abrupto* qu'il va écrire un grand poème ou une symphonie, ou faire une découverte. Il en est qui recourent alors aux stimulants capables de déclencher la « tempête cérébrale ». J.-J. Rousseau se promenait la tête en plein soleil. Schiller mettait ses pieds dans l'eau glacée. Balzac s'abreuvait de café en grande quantité. « Quant au café, écrit-il, il procure une admirable fièvre. Il entre dans le cerveau comme une manade. À son attaque, l'imagination court échevelée, elle se met à nu, elle se tord ». D'autres fument la pipe, boivent, se droguent... Théophile Gautier, Charles Baudelaire... demanderont au haschich de bouleverser leur cerveau. Le Docteur Moreau (de Tours) dans son ouvrage : *Du haschich* (1845), déclare par expérience personnelle : « On entend le bruit des couleurs, des sons verts, rouges, bleus, jaunes ». Ce qui est déjà le A noir, le E blanc, le I rouge, le O bleu, le U vert de Rimbaud...

L'œuvre jaillit parfois dans une illumination subite. L'invention qui surgit spontanée, soudaine, inattendue, sans raisonnement préalable, paraît intuitive. « C'est par la logique qu'on démontre, c'est par l'intuition qu'on invente » (H. Poincaré). La prévision du futur atteint parfois le véritable don de visionnaire. On ne peut pas appeler autrement la faculté qui a permis à certains de faire état, sans précurseur, de connaissances qu'ils ne pouvaient pas avoir de leur temps. Léonard de Vinci, Jules Verne, Herbert George Wells et Aldous Huxley... ont laissé libre cours à leur imagination et ont eu des visions d'anticipation géniale.

Les musiciens, les poètes ont raconté très souvent que l'idée fondamentale de l'œuvre leur était apparue dans un éclair. Mozart avait une exceptionnelle facilité : il unissait à une prodigieuse mémoire un remarquable esprit de synthèse. Niemtschek écrit : « Son imagination lui présentait l'œuvre tout entière, nette et vivante, dès qu'elle était commencée. Sa grande connaissance de la composition lui permettait d'en embrasser d'un coup d'œil toute l'harmonie. On rencontre rarement dans ses partitions en brouillon des passages raturés ou biffés... L'ouvrage était toujours terminé dans sa tête avant qu'il se mit à l'écrire... Beethoven conçut en quelques instants auprès d'un ami mort une de ses plus belles symphonies. Mais il fut presque au début de sa carrière atteint de surdité. L'opinion généralement répandue est que la privation de l'ouïe ne peut que perturber gravement les possibilités créatrices d'un musicien compositeur. Il n'en est rien. Un bon musicien peut lire une partition d'un bout à l'autre sans l'entendre et un compositeur peut créer une œuvre, l'entendre sans avoir besoin de l'écouter grâce à son savoir, et à son imagination. Le génie de Beethoven ne fut pas entravé ; au contraire, ont dit certains, sa surdité favorisa l'essor de sa vie intérieure… ! Le paradoxe de l'absence d'handicap par privation sensorielle pour un compositeur n'est pas vrai pour un peintre aveugle ; les exemples d'écrivains aveugles abondent, d'Homère à James Joyce, Jorge Luis Borges, J.-P. Sartre, Henri de Montherlant… Certains ne le furent qu'à la fin de leur vie.

Les découvertes scientifiques ne sont par contre jamais divinatoires ; elles sont préparées par tout un savoir, par de nombreuses observations, par le travail antérieur. Elles jaillissent de ce fond et non d'un esprit vierge inspiré. Les exemples en sont nombreux dans l'histoire des Sciences. Les plus classiques sont les découvertes de la notion de poids spécifique par Archimède en prenant son bain, et s'exclamant « Eurêka » (j'ai trouvé), ou de l'attraction universelle par Newton en observant la chute d'une pomme, ou de la structure en anneau de la molécule du benzène par Auguste Kekule Von Stradonitz lors d'un rêve dans lequel il vit des serpents qui se mordaient la queue. En fait, ces découvertes étaient précédées par un long travail de savoir, d'expériences et de réflexion. Le cerveau ne peut traiter que les informations dont il dispose. Th. Edison (1847-1931), inventeur du télégraphe et de la lampe électrique à incandescence, a écrit : « La création est faite de 1 % d'inspiration et de 99 % de transpiration ».

La passion et l'émotion sont les grands moteurs de la création, qu'il s'agisse d'œuvres artistiques ou scientifiques ou même techniques. Ribot cite le cas d'un ingénieur que l'indignation provoquée par un discours de Bismarck au Reichtag amena à découvrir un nouveau modèle de fusil…

3 - *La phase de réalisation* comporte le plus souvent un long travail de mise au point par recours à l'imagination autant qu'au raisonnement. Particulièrement vrai pour les travaux scientifiques, il existe aussi chez les compositeurs et les écrivains. Chopin, qui inventait aisément des phrases musicales nouvelles, éprouvait beaucoup de peine à les transcrire. George Sand raconte : « Sa création était spontanée, miraculeuse. Elle venait sur son piano subite, complète, sublime, ou elle chantait dans sa tête pendant une promenade. Mais alors commençait le labeur le plus navrant auquel j'ai jamais assisté… Il s'enfermait des journées entières, pleurant, marchant, brisant des plumes, répétant ou changeant cent fois une mesure, l'écrivant, l'effaçant autant de fois et recommençant le lendemain avec une persévérance minutieuse et désespérée… » Lamartine écrivit qu'un de ses plus célèbres poèmes était né en lui d'un seul jet par une nuit de tempête. À sa mort, on retrouva les manuscrits avec les corrections du poème qui avait été un des plus travaillés. Gustave Flaubert parle de ses affres de style perfectionniste ; il reprenait longuement ses écrits ; sa passion fut la recherche de l'expression littéraire parfaite. Il engençait les matériaux avec un art extraordinaire : la gestation de *Madame Bovary* dura plus de 4 ans ; certains passages de *Salammbô* furent écrits quatorze fois.

Quant aux sciences, il en est qui ne progressent que par raisonnement logique, il en est qui nécessitent une grande part d'imagination. L'hypothèse est vérifiée par l'expérimentation dont le but est de reproduire le phénomène que l'on veut comprendre. Il se fait un va et vient entre le raisonnement et l'expérience. De l'observation à la théorie intervient l'imagination. Dans l'infiniment grand et l'infiniment petit, à partir de l'observé, elle prend des envols.

Notre savoir sur les origines et l'évolution du cosmos, du système solaire, de la vie ou des hommes qui faisaient appel à l'imagination des prêtres et des poètes, découle de celle des scientifiques. Le cosmologue imagine la constitution et la fuite des galaxies après l'explosion initiale du Big-Bang. Le préhistorien recompose le passé de l'Homme à partir de quelques pièces osseuses, autant par imagination que par raisonnement. Le microphysicien construit la physique nucléaire plus qu'il ne la constate. Dans la biologie moléculaire, l'imagination s'associe aussi au raisonnement.

Il serait intéressant de reconstituer le cheminement de la pensée des créateurs de génie : Galilée, Newton, Darwin, Pasteur, Edison, Einstein... pour y découvrir la part du raisonnement et celle de l'imagination qui ont précédé la découverte ou l'invention..

La métaphore rebattue qui compare l'ordinateur au cerveau est justifiée dans la mesure où l'on entend uniquement les opérations mentales logiques et rationnelles. L'ordinateur le plus compliqué, fait d'un nombre considérable de composants électroniques, reste câblé pour remplir inlassablement les mêmes fonctions, pour exécuter un programme pré-défini. Il obéit à la seule rationalité ; il est plus rationnel, plus rigoureux, plus rapide que le cerveau... mais il ne dispose pas comme lui de la faculté suprarationnelle qui est l'imagination. Il ne peut pas choisir parmi les hypothèses et faire œuvre créatrice.

4. L'art et la science

Différentes par la matière traitée, différentes par la manière de la traiter, différentes par leur langage, différentes par leur esprit, les œuvres littéraires, artistiques et scientifiques, diffèrent par leur genèse et par leur destin.

« L'homme a été homo faber avant d'être homo sapiens « a rappelé Henri Bergson. Les périodes de la préhistoire se distinguent par les étapes de la technicité : âge de la pierre taillée, âge de la pierre polie, âge des métaux. Pendant les millions d'années du paléolithique, l'homo habilis (2,5 millions d'années), l'homo erectus (1,5 million d'années) ne fabriquèrent que des outils. Ce n'est qu'à l'étage supérieur du paléolithique et au néolithique que l'homo sapiens fabriqua l'inutile, rechercha le beau en façonnant artistiquement des pierres, des métaux, en faisant des bijoux, en réalisant des peintures murales.

L'inspiration artistique date donc de la préhistoire. L'esprit scientifique est un produit plus tardif, une aventure récente, une acquisition progressive. Il est plus facile de tailler sobrement un silex, de réaliser des peintures rupestres que d'observer, d'interpréter les phénomènes physiques, chimiques, astronomiques, biologiques, de formuler des hypothèses, d'en déduire des mécanismes, des principes et des techniques.

*

« La relation entre vérité et beauté, ou plus généralement entre science et art est un vieux thème toujours difficile à aborder » (François Jacob[1]).

Les arts s'efforcent de produire des représentations du monde qui expriment une vision personnelle de la réalité ; c'est le plus souvent une entreprise individuelle ; elle varie avec les idées culturelles et avec le temps. Les sciences au contraire cherchent à construire une représentation proche de la réalité et définitive ; c'est une entreprise collective.

L'art et l'écriture sont d'un accès facile et se passent de diplômes. Le solfège et les exercices nuiraient au futur virtuose... Le respect des règles de perspective

---

1. François Jacob, *L'Imagination en art et en science. La Création et la Découverte*, Actes des Colloques de l'Institut de France, 1795-1995, Fayard, 1995. *La Souris, la Mouche et l'Homme*, Odile Jacob, 1997.

et des proportions irait à l'encontre de l'originalité d'une œuvre picturale... La rigidité, la régularité trop stricte du vers supprimerait l'éclat et le charme de la poésie. La science au contraire réclame des années d'apprentissage et des efforts permanents.

L'artiste et l'écrivain sont libres ; leur marge d'interprétation, d'invention et de création sont grandes ; ils sont leur propre référence. Leur faculté essentielle est la sentimentalité, l'imagination et même la fantaisie et l'irrationnel. Le savant avance par tâtonnement ; son esprit est fait de raisonnement, de calcul, d'hypothèse. Il ne peut pas s'affranchir du réel qu'il cherche vainement à appréhender... « La science est l'asymptote de la vérité. Elle approche sans cesse et ne touche jamais » a écrit Victor Hugo.

Son imagination joue un grand rôle ; elle est toujours tendue vers la création et la découverte. Sa part dans les immortelles découvertes de Newton, de Darwin, de Claude Bernard, de Pasteur... est grande.

Il est faux de penser comme Renan que : « Il viendra un jour où le grand artiste sera chose vieillie, presque inutile ; le savant au contraire vaudra toujours de plus en plus. L'avènement de la science verra la fin du règne de la beauté ». Sinistre prophétie qui, par chance, ne s'est pas réalisée et ne se réalisera jamais. L'évolution de l'art et de l'écriture ne seront par contrariées par l'évolution scientifique ; art et science sont perpétuelles.

Le don d'embellir et celui de découvrir les lois cachées du monde, sans être inconciliables, sont rarement rencontrés chez un même homme. Ceux qui se sont distingués à la fois comme savant et comme artiste ne sont pas nombreux. Exceptionnel est le cas de Léonard de Vinci : peintre, sculpteur, architecte, ingénieur, anatomiste.

Les œuvres artistique et littéraire sont une fin en elles-mêmes : chaque œuvre atteint, si elle est réussie, un but qui lui est spécifique. Elles viennent de l'intérieur, de celui qui les crée. Elles ne sont pas emportées par le progrès. Elles demeurent dans leur état primitif. Elles ont quelque chose d'intangible, d'intemporel, de définitif. Un chef-d'œuvre existe une fois pour toutes. Rubens ne dépasse pas Léonard de Vinci. Shakespeare n'est pas au-dessus de Dante. Mozart ne dépasse pas Beethoven, ni Chopin. La beauté de l'art est de ne pas être susceptible de perfectionnement. On ne retouche pas les colonnes du Parthénon, ni les portraits de Rembrandt, ni la Joconde de Léonard de Vinci, ni le David de Michel-Ange, pas plus que les symphonies de Mozart ou de Beethoven. Il y a marche et non progrès ; les artistes se succèdent, ne se remplacent pas. Qui plus est l'œuvre artistique embellit de son vieillissement.

L'œuvre scientifique au contraire n'est pas une fin ; liée à l'idée de progrès, elle se perfectionne, elle progresse. Elle est destinée à être dépassée, souvent effacée. Elle avance en se « raturant » (Victor Hugo). Elle est exceptionnellement assurée de pérennité. Des créations scientifiques ont pu être des chefs-d'œuvre mais ne le sont plus. Dans la science, tout remue, tout disparaît après avoir existé. Hippocrate, Archimède, Vésale, Copernic, Galilée, Newton, sont dépassés. « Quand nous faisons des théories dans nos sciences, dit Claude Bernard, la seule chose dont nous soyons sûrs c'est que toutes ces théories ne sont que des vérités partielles et provisoires ». L'œuvre scientifique est un palier, elle se prête à la négation, à la retouche, au compliment. Après quelques années de prospérité, combien de conceptions pathogéniques et de thérapeutiques ont été abandonnées. Cela ne signifie pas forcément leur faillite. Une idée, rendue caduque par la découverte de données nouvelles, conserve le mérite d'avoir mis en lumière des rapports nouveaux entre les faits. Nous en avons connu peu qui n'avaient contenu leur part de vérité et qui n'aient laissé un enseignement positif ou négatif. Sans doute fallait-il en passer par là. L'œuvre médicale durable est rare, plus rare en clinique que dans les sciences fondamentales. Les découvertes thérapeutiques sont vite dépassées par d'autres découvertes thérapeutiques et par l'évolution de la pathologie. Nos techniques opératoires sont pour certaines des pis-aller dans l'attente d'un traitement spécifique médical. En médecine comme ailleurs, la difficulté est de juger à chaud la valeur réelle et les chances d'avenir des idées et des techniques que l'actualité surestime ou sous-estime.

Claude Bernard a dit : « Si chaque grand homme fait accomplir un grand pas à la science qu'il féconde, il ne peut jamais avoir la prétention de poser les dernières limites, et il est nécessairement destiné à être dépassé et laissé en arrière par les progrès opérés par la génération qui le suit ».

Victor Hugo a exprimé au mieux l'idée : « Pascal savant est dépassé, Pascal écrivain ne l'est pas ». Il a dit plus loin : « Le relatif est dans la science, le définitif est dans l'art. Le chef-d'œuvre d'aujourd'hui sera le chef-d'œuvre de demain... Le beau ne chasse pas le beau ».

Le mathématicien Thom a déclaré : « L'œuvre d'art refuse la copie, l'œuvre de science nécessite la copie », pour marquer que la première est une fin et la seconde une suite.

Autre différence : l'artiste, l'écrivain décrivent un monde intérieur et leurs œuvres sont des constructions de leur esprit tels un portrait, un paysage, un tableau, ou encore un personnage ou une intrigue d'un roman ou d'une comédie. Si Léonard de Vinci n'avait pas existé, personne n'aurait jamais peint « La Joconde ». Si Molière, La Fontaine, Baudelaire... n'avaient pas existé, nous aurions été privés de leurs œuvres. Par contre, si Darwin n'avait pas existé, un autre savant aurait émis la théorie de l'Évolution ; si Pasteur n'avait pas existé on aurait un jour découvert le rôle des microbes ; si Becquerel n'avait pas existé on aurait cependant un jour découvert la radioactivité ; si Christophe Colomb n'avait pas existé, l'Amérique existerait quand même. Le scientifique, le découvreur se borne à révéler ce qui existe : les microbes, les virus, l'évolution, l'atome, la fuite des galaxies... les chromosomes, l'ADN...

Les œuvres littéraire et artistique sont la propriété de l'auteur qui l'imprègne de sa personnalité. À leur style, n'importe quelle oreille fait la différence entre Beethoven et Bartók, n'importe quel regard entre Raphaël et Monet. L'œuvre scientifique, au contraire, devient quelque peu impersonnelle et anonyme en passant dans le domaine commun. Dans tous les progrès de technicité, on constate que souvent l'inventeur est oublié. Jacob Metzu fabrique un télescope, Galilée, puis Kepler puis Descartes puis Huygens le perfectionnent... Metzu est effacé... Victor Hugo constate : « Un savant fait oublier un savant, un poète ne fait pas oublier un poète ». Combien de nos « Maîtres à penser » sont inconnus des générations qui nous suivent. Il n'est que de parcourir les références bibliographiques pour le constater.

L'œuvre d'art n'a pas de précurseurs. Elle est parfois réalisée dans la journée. L'œuvre scientifique, au contraire, demande le plus souvent des années ; elle est préparée par des observations préalables ; elle est une pierre posée sur d'autres dans un édifice en perpétuelle construction et auquel collaborent des travailleurs successifs[1]. L'inventeur a toujours des précurseurs et aussi toujours des continuateurs. Les percées scientifiques sont le plus souvent l'utilisation d'une suite de problèmes patiemment résolus, les uns après les autres. Elles possèdent rarement une originalité absolue. Beaucoup de découvertes scientifiques, de créations, ont été imaginées avant d'être démontrées. On ne peut que répéter avec

---

1. Voir « Les précurseurs », page 100.

William Blake : « Ce qui est aujourd'hui prouvé fut autrefois imaginé ». Une idée neuve utilise d'anciennes techniques. Une technique inédite repose sur des idées pré-existantes. Une invention ne vient pas subitement dans l'esprit de l'inventeur, elle naît en son temps et en fonction des circonstances. On doit reconnaître que, si l'on attribue à William Harvey (XVIIe siècle) la découverte de la circulation sanguine, il n'eut qu'à compléter les études de Ibn-An-Nafis (XIIIe siècle), de Michèle Serveto et de R. Colombo (XVIe siècle). On pourrait suggérer, sans se donner le ridicule de sous-estimer leur génie, que Louis Pasteur, Claude Bernard furent les bénéficiaires de leur temps parce qu'ils surent faire fructifier des semences d'idées jusqu'alors invisibles, infécondes mais latentes.

Le progrès scientifique s'accélère ; des cris d'alarme sont jetés devant l'exploitation sans mesure des richesses de la terre, la pollution de l'atmosphère, de la terre, des océans, la prolifération des armes destructrices, le déséquilibre de la population mondiale. Il est tout à fait impossible, téméraire, de fixer les bornes, de faire des prospections à long terme. L'avenir n'est pas simple extrapolation du présent car la science ne progresse pas linéairement.

L'imagination intervient dans l'art, dans l'écriture, comme dans la science. Dans les créations artistique et littéraire, elle est libre et indispensable. Les artistes ne cherchant pas nécessairement à reproduire la réalité sont autorisés à interpréter avec leur sensibilité et leur imagination les messages qui en émanent — la part imaginative est au contraire suspecte dans la création scientifique ; elle devrait être muselée et maintenue dans le cadre de la raison. En principe, les scientifiques doivent imposer silence à leur subjectivité afin que les hypothèses qu'ils formulent soient exemptes de tout élément arbitraire, de tout préjugé, de toute part imaginative. « La métaphore, faite d'une analogie imaginée autant que raisonnée entre deux idées ayant une certaine ressemblance, a mauvaise presse dans le monde scientifique alors qu'elle est reine dans le monde des lettres » (R. Thom[1]). La création scientifique est en perpétuel dialogue entre le possible et le réel, et par principe, le résultat d'un savoir approfondi, d'expériences nombreuses et d'un raisonnement rigoureux. Il y a pourtant une phase imaginative dans toute recherche scientifique lors de la formulation d'hypothèse. « Les théories les plus créatrices sont souvent des visions que l'imagination a imposées aux faits » (Stephen Jay Gould, 1983). Le scientifique progresse souvent par supputations, et même parfois grâce à des extrapolations hasardeuses. Cela est particulièrement vrai dans le domaine de l'infiniment grand et dans celui de l'infiniment petit.

Un poète et un savant ont exprimé leur point de vue en faveur de l'imagination. « L'imagination est la plus scientifique des facultés » (Baudelaire). « L'imagination est le vrai terrain de germination scientifique » (Einstein).

Des analogies entre les créations littéraire, artistique ou scientifique existent. R. Latarjet[2] les reconnaît : « Les grands alchimistes des sonorités nouvelles, comme Wagner, Schoenberg ou Debussy, les grands alchimistes des colorations nouvelles comme Giotto, Delacroix ou Gauguin, me semblent comparables aux physiciens et aux chimistes qui, inventant de nouvelles techniques, ouvrent à leurs sciences des voies et des horizons nouveaux ». François Jacob[3], dans le même sens, nous dit : « Nous vivons dans un monde créé par notre cerveau, avec de continuelles allées et venues entre le réel et l'imaginaire. Peut-être l'artiste

---

1. R. Thom, *Connaissance et Métaphore*, Séance annuelle des cinq académies. Institut de France, 24 octobre 1980.
2. R. Latarjet, *L'Amarante et le Vert*, Fond. A. Mérieux éd, 1976.
3. François Jacob, *L'Imagination en art et en science*, *La Création et la Découverte*, Actes des Colloques du Bicentenaire de l'Institut de France (1795-1995). Fayard, 1995.

prend-il plus de celui-ci et le scientifique plus de celui-là. C'est simplement une affaire de proposition. Non pas de nature ».

La philosophie réconcilie les contraires. Art et science sont complémentaires. Gaston Bachelard déclare que la philosophie construit des ponts entre l'art et la science. Michel Serres souhaite que les hommes soient formés aux cultures littéraires et scientifiques, non de façon encyclopédique mais dans une double formation d'esprit.

II - L'ŒUVRE LITTÉRAIRE

La création littéraire n'est ni une reproduction, ni une imitation ; elle est le contraire, en littérature comme en art. Malraux a écrit dans son Musée Imaginaire : « L'art qui peut créer des mondes imaginaires ne peut en copier ; l'imagination les appelle et ne les contient pas ».

Il est classique d'opposer la fougue imaginative du Romantisme et le froid Classicisme qui a longtemps tenu en tutelle l'imagination et la sensibilité. Rabelais et Cervantès dont les œuvres sont inspirées par une fantastique, une folle imagination, contredisent pourtant cette assertion. Rousseau fut un des premiers à introduire l'introspection et la sensation dans la littérature. Le Romantisme tendit à promouvoir un style dans lequel l'action, l'émotion, la passion jouent le premier rôle ; elles seraient plus révélatrices de l'homme que la pensée et l'intelligence. Plus encore le Surréalisme[1] réagit contre le culte de la raison, libéra l'imagination et l'émotivité et trouva l'inspiration dans le merveilleux et dans le mystérieux.

L'imagination a répandu ses bienfaits dans tous les modes littéraires.

1. La poésie

La poésie, faite d'images, de rythme et d'harmonie, est fille du sentiment, de l'émotivité, de la passion, de l'imagination, plus que du froid raisonnement. Elle est parfois associée à la musique, dans les chansons poétiques, des troubadours à nos chanteurs créateurs actuels tel Charles Trenet. Le poète décrit non la réalité objective mais les illuminations du surréel. Il oppose « la vraie vie à la vie vraie » (Rimbaud). Platon (IVe siècle av. J.-C.) disait déjà que l'artiste nous détourne de la réalité et nous attache à l'illusion. L'apport essentiel des poètes ne relève pas d'un art (au sens antique de maîtrise d'une technique) mais de l'inspiration divine, a-t-on été jusqu'à dire… La poésie, assimilable à la divination, fait appel aux facultés transcendantes, au transport au-delà de soi-même. Les poètes venaient dans l'Antiquité chercher l'inspiration dans les lieux sacrés où séjournaient les muses qui président aux différentes formes de la poésie.

Vers la fin du XVIIIe siècle et au début du XIXe, le poète s'attribua une mission spirituelle qu'il n'avait jamais eue jusque-là ; l'exaltation de la poésie conduisit au Romantisme. Lamartine, Vigny, Hugo… qui écrivirent une poésie d'espérance, de confiance, pensaient que l'écrivain doit avoir une grande importance dans la société. « La littérature de cette époque est une littérature de pensées imagées[2] ». Le poète compose grâce à une espèce d'extase et non après un laborieux travail de rature. L'imagination de Victor Hugo était assez forte pour provoquer en lui des sentiments. Edgar Poe déclarait au contraire : « Mon

---

1. A. Breton, *Manifeste du surréalisme*, 1924.
2. Paul Benichou, *Les Mages romantiques*, Gallimard, 1988.

dessein est de démontrer qu'aucun point de la composition ne peut être attribué au hasard ou à l'intuition, que l'ouvrage a marché pas à pas vers la solution avec la précision et la rigoureuse logique d'un problème mathématique ». Valéry, dans le même sens : « Un poète n'a pas pour fonction de ressentir l'état poétique mais de le créer chez les autres. On reconnaît le poète... à ce simple fait qu'il change le lecteur en « inspiré ». Degas, qui faisait parfois des vers, dit un jour à Mallarmé : « Votre métier est infernal. Je n'arrive pas à faire ce que je veux et pourtant je suis plein d'idées... – Ce n'est point avec des idées, mon cher Degas, que l'on fait des vers. C'est avec des mots » répondit Mallarmé. Ces aveux mettent en garde contre un romantisme trop facile : « Frappe-toi le cœur, c'est là qu'est le génie ! »

Charles Baudelaire (1821-1867) fut un poète partagé entre la soif d'idéal (l'art, l'amour, la beauté) et les ennuis et l'angoisse (*Spleen et Idéal*, *Les Fleurs du Mal*). Paul Verlaine et Arthur Rimbaud recherchèrent le sens caché, la musique et la mouvance symbolique.

Dans la deuxième moitié du XIXe siècle et le début du XXe, une série d'oscillations poussa les écrivains tour à tour dans des sens opposés ; cela s'appliqua à d'autres genres que la poésie, en particulier au roman. Des écoles se succédèrent qui toutes réagissaient contre la précédente. L'école parnassienne contre le Romantisme, les symbolistes contre les parnassiens, les néo-classiques contre les symbolistes... La poésie fut révolutionnée par le Surréalisme. Les surréalistes refusent le réel et la logique, explorent le subconscient et font intervenir le rêve. André Breton publia en 1924 le *Manifeste du surréalisme*, terme emprunté à Guillaume Apollinaire. Il fut la tête pensante du groupe dont firent partie Philippe Soupault et Louis Aragon. En somme, s'opposaient ceux qui veulent rester fidèles aux règles traditionnelles et ceux qui, au contraire, réclament le relâchement ou même la suppression de ces règles. Lutte entre ceux qui s'obstinent à vouloir traduire des sentiments et des pensées susceptibles de revêtir une expression intelligible et ceux qui, pour enrichir la matière de leur création, n'hésitent pas à devenir obscurs et inintelligibles. Les mêmes oscillations ont existé pour la création artistique (voir plus loin).

Les poètes quittent parfois la vie pour l'imaginaire, alors que les philosophes restent toujours proches du réel... « Plus qu'à la philosophie plus qu'à la Science qui décompose et qui raisonne, c'est au cœur que se laisse entrevoir le mystère de l'être en sa plénitude et en son inépuisable richesse parfois entrevue le temps d'un éclair poétique[1] ».

2. Le conte, la fable, la nouvelle

L'imagination joue un rôle non moins capital pour le conte, la fable, la nouvelle, le roman. Ne dit-on pas, pour parler d'un fait imaginaire, « c'est un conte », « c'est fabuleux », « c'est du roman », « c'est du théâtre », ou encore « c'est du cinéma » ?

Le conte et la fable ne sont pas soumis à la vraisemblance ; ils font une large part à l'imagination. Tous les êtres, animaux... plantes, tous les éléments, vent, orage, fleuves, ont vie et parole... Shéhérazade des *Mille et Une Nuits* devra sa vie à son imagination ; chaque soir, le roi Schahriar violait une vierge et la faisait décapiter à l'aube. Shéhérazade garda sa tête sur ses épaules durant trois ans en fascinant nuit après nuit son mari avec des contes. Il se réforma et ils vécurent heureux. Au Moyen Âge sont nés les contes populaires et les légendes. Il en

---

1. Dominique Quentin-Mauroy, *Rapport sur les concours de poésie française*, 1993. Ac. des Jeux Floraux, Toulouse.

existe dans toutes les régions françaises et dans de nombreux pays. Parmi les plus connus, ceux inspirés par le pays de la forêt bretonne : Brocéliande, légendes arthuriennes, la fée Viviane et l'enchanteur Merlin... ou par le climat rude et les longs hivers nordiques : sagas islandaises. Le conte côtoie la farce (Boccace), la fable (La Fontaine) ; il distille la philosophie (Voltaire) ; il s'inscrit dans le merveilleux : « Il était une fois » un temps où intervenaient des fées bienfaisantes, des diables, des sorcières, des fantômes (Perrault).

Après le grand vertige de la Révolution, après le grand rêve de l'épopée napoléonienne, apparut le mouvement romantique. En Allemagne, terre des fantômes, fut l'origine du conte. Les grands conteurs français furent Charles Nodier, Théophile Gautier, Balzac, Mérimée, et un peu plus tard Gérard de Nerval. Edgar Poe fut le père non seulement du fantastique mais aussi le précurseur de la science-fiction et du roman policier. Cette nouvelle notion du fantastique se développa sur un terrain qui ne semblait guère favorable : celui du réalisme et du naturalisme. Les plus illustres représentants : Flaubert, Goncourt, Zola, de ce mouvement furent fortement influencés par le positivisme d'Arthur Comte, le scientisme. C'est le moment où toute l'intelligentsia, Maupassant en tête, se passionna pour l'étude des troubles mentaux, se précipita pour suivre les cours et présentations de malades de Charcot à la Salpêtrière. Maupassant, après un moment de doute quant à la réalité du magnétisme ou de l'hypnotisme (traduit dans le conte : « Magnétisme » écrit en 1882, par l'interjection « Des blagues ! des blagues ! des blagues ! »), reprit le sujet en 1884 dans « Un fou » et dit : « Le magnétisme, personne ne sait ce que c'est... on le constate pourtant ».

La nouvelle se situe entre le roman et le conte, plus courte que celui-ci, plus étendue que celui-là. Au XIIIe siècle, le décaméron de Boccace, au XVIIe les contes et nouvelles de Marguerite de Valois, au XVIIIe siècle les nouvelles de Balzac, Flaubert, Maupassant, sont des œuvres de pure imagination.

3. Le roman

Le roman est « une œuvre d'imagination en prose[1] ». Il fut pendant longtemps le récit d'antiques légendes et de merveilleuses aventures d'êtres parfois mythologiques, tels les héros de l'*Iliade* et de l'*Odyssée* d'Homère. Il fut aussi récits romanesques d'histoires d'amours tragiques (Tristan et Iseult) ou d'aventures guerrières (Roland de Roncevaux). Jean-Jacques Rousseau fut un des premiers à vivre dans le monde imaginaire inspiré par son amour de la nature et de la rêverie (*Rêverie d'un promeneur solitaire*...). George Sand qui avait fait de Rousseau sa première nourriture intellectuelle laissa éclater toute la puissance de son imagination dans ses premiers romans (*Indiana*, *Leila*...) et ses romans champêtres (*La Mare au diable*). Elle a elle-même analysé la démarche : « Quand les formes s'effacent, quand les objets semblent trembler dans la brume, quand mon imagination peut s'élancer dans un champ immense de conjectures et de caprices, quand je peux, en clignant un peu la paupière, renverser et bouleverser une cité, en faire une forêt, un camp ou un cimetière ; quand je peux métamorphoser en fleuves paisibles les grands chemins blancs de poussière, et en torrents rapides les petits sentiers de sable qui descendent en serpentant sur la sombre verdure des collines ; alors je jouis vraiment de la nature, j'en dispose à mon gré, je règne sur elle, je la traverse d'un regard, je la peuple de mes fantaisies » (*Lettres d'un voyageur*, II).

---

1. Dictionnaire Robert.

Les personnages imaginés vivent à la fois dans le monde réel et dans l'imaginaire — Don Quichotte, Gargantua et Pantagruel, Don Juan, Tartuffe, Hamlet, d'Artagnan... sont sortis de l'œuvre pour laquelle ils avaient été conçus et sont devenus mythe et symbole de courage, de rêve, d'idéalisme forcené, pathétique, délirant... Parfois les personnages associés représentent des aspects, des caractères et des comportements opposés : Don Quichotte et Sancho Pança de Cervantès, Pierre et le prince André de Tolstoï (*Guerre et Paix*).

Une certaine logique est respectée même dans les œuvres de pure imagination. Daniel de Foe fait une carte du pays imaginaire où vit « Robinson Crusoë ». Victor Hugo donne le trajet suivi par les différents personnages des *Misérables*. Robert Louis Balfour dit Stevenson, auteur du *Docteur Jekyll et Mister Hyde* et de *L'Île au trésor*, navigua dans les mers du sud à la recherche des rivages imaginés de son île. « Il est enterré dans les Samoa au cœur du Pacifique, alors que l'île au trésor est supposée dans les Caraïbes où il n'est jamais allé » nous dit Jean-François Deniau[1]. Les personnages imaginés deviennent parfois « vrais ». Ne fait-on pas visiter au château d'If les cellules d'Edmond Dantès et de l'abbé Faria ? N'a-t-on pas localisé l'île de Robinson Crusoë ?

Dans les récits de voyages, intervient une grande part d'imaginaire. On soupçonne Marco Polo (XIIe siècle) d'avoir embelli le récit de ses, par eux-mêmes étonnants, voyages de Venise à la Chine et d'avoir menti quand il raconte son ascension du Mont Pamir (7 500 m) ; les bouteilles d'oxygène indispensables au-delà de 5 000 m n'existaient pas. Chateaubriand racontait son voyage aux États-Unis bien au-delà de ce qu'il avait pu voir[2]. Des romanciers qui ont peu voyagé inventent des histoires d'aventures lointaines de guerre, de piraterie, avec tellement de détails qu'on pourrait croire qu'ils les ont vécues. Les voyages font d'ailleurs parfois cesser l'enchantement. « Les voyages, autant de perdu pour l'imagination » (Jean Giraudoux[3]).

Le roman réaliste, Balzac, Goncourt, Daudet, Zola, représente une réaction contre le romantisme. Balzac avait, dit Théophile Gautier, le don de s'incarner dans des corps différents. Zola, dont l'œuvre majeure est « L'histoire naturelle d'une famille sous le Second Empire », se prétend entomologiste du grouillement humain ; il décrit aussi le monde ouvrier de l'ère industrielle. Dans Proust, on découvre la société mondaine de la belle époque. Les écrivains s'inspirent généralement de l'observation de la vie réelle... Les personnages qu'ils font évoluer dans leurs œuvres ont souvent les caractères de leurs contemporains, mais ils font tous appel à l'imagination de leurs lecteurs.

Le roman de pure imagination est parfois de façon plus ou moins déguisée autobiographique ; l'auteur, partant de ce qu'il a été et de ce qu'il a voulu être, créait un monde romanesque, à mi-chemin entre la réalité et le rêve.

Jacques Laurent s'est fait une spécialité des périodes troublées *Caroline* : la Révolution française *Hortense* ; la guerre 14-18 *Clotilde* : l'occupation. Il rappelle que Chateaubriand, Stendhal, Alphonse Daudet, usèrent du mensonge comme d'un art... « Faire illusion, c'est tromper, mais l'illusion peut n'être qu'une chimère innocente ; son succès peut aussi être un comble de l'art ». Le temps passant, l'auteur peut finir par croire à son affabulation. Les romanciers sont-ils des mythomanes, des menteurs professionnels ? « Aucun art autant que la littérature n'a mêlé aussi étroitement la vérité et le mensonge » écrit Jean-Marie Rouart[4]. Il ajoute : « La difficulté est grande de dire où commence le men-

---

1. J.-F. Deniau, « L'Île sans rivage », *Impact Médecine Hebdo*, n° 240, 10 juin 1994.
2. F. René de Chateaubriand, *Voyage en Amérique*, 1826.
3. Cahiers Jean Giraudoux, n° 21, 1992, p. 221.
4. Jean-Marie Rouart, éditorial du *Figaro littéraire,* 10 août 1995.

songe ». L'exemple de supercherie la plus célèbre fut celle imaginée par Romain Kacew, alias Romain Gary, alias Fosco Sinibaldi, alias le faux Émile Ajar.

4. L'histoire

L'histoire rapporte des événements et fait revivre des personnages. L'historien doit tenir compte des dates et de tout l'environnement de l'époque et en principe ne pas laisser place à l'imagination. En fait, il est souvent dans l'obligation de combler des hiatus existant entre un document et un autre. « Imaginons, a écrit G. Duby, ce que sont toujours obligés de faire les historiens ». La responsabilité de l'historien est grande lorsqu'il reconstruit le passé. Chateaubriand déclara que son rôle est beau, mais aussi souvent dangereux. Quant à lui, il a souvent libéré son imagination quant au récit de son voyage en Amérique...

Le roman historique fait revivre dans la rigueur documentaire des personnages réels mais se permet des libertés avec leurs actions et avec les événements. Deux risques guettent l'auteur de romans historiques : celui d'actualiser le passé, de vêtir d'habits anciens des personnages actuels ou, au contraire, d'évoquer le dépaysement. Walter Scott (1771-1832) a fait entrer l'histoire dans ses récits : *Ivanhoe* (1819), *Quentin Durward* (1923). Michelet (1798-1874) laisse intervenir le lyrisme et l'imagination dans son *Histoire de France* pourtant si documentée. L'imaginaire associé à l'histoire est retrouvé dans les œuvres de Goethe, de Victor Hugo, de Balzac, de Flaubert.

L'histoire dite romancée va plus loin ; l'auteur donne libre cours à son imagination. « Avec une épée dans une main et l'Évangile dans l'autre, écrit Jean-Marie Rouart[1], de très bons principes mais des passions très humaines, on peut porter en toute bonne conscience le feu destructeur aux quatre coins du monde ». Les fabuleux exploits et les vertus chevaleresques éveillent l'imagination. Les légendes du Graal et de la Table Ronde, Roland de Roncevaux, Bertrand du Guesclin, Bayard chevalier sans peur et sans reproches, ont inspiré de nombreux romanciers. Dans les romans de cape et d'épée, comme ceux d'Alexandre Dumas père (*Les Trois Mousquetaires*), sur un passé réel et reconnaissable et dans lequel interviennent des personnages historiques, sont associées des actions supposées, mais non invraisemblables, et des personnages de fiction. Sortis d'un roman d'inspiration historique, des personnages peuvent prendre corps et vie à partir de l'imagination de l'auteur et devenir plus vrais que leur légende... ainsi Tin Hannah, reine des Touaregs dont on visite la sépulture supposée dans le Hoggar, est transfigurée en Antinea de *L'Atlantide* de Pierre Benoit.

Le rêve d'une société idéale remonte à la Grèce antique au Ve siècle avant notre ère. Platon dans le *Timée*, dans *La République* la décrit. Thomas More expose dans *L'Utopie* (1516) ce que peut être une nation idéale, Rabelais un monastère parfait dans *L'Abbaye de Thélème* (1532), Campanella une ville modèle dans *La Cité du Soleil* (1623), Swift dans *Le Voyage de Gulliver* (1726), Voltaire dans *Micromégas* des États merveilleux.

5. La science-fiction

L'imagination des écrivains peut s'exercer sur le passé. Ils peuvent reconstituer des phases de la préhistoire... la scène de la Passion... une bataille. Elle peut s'exercer sur l'avenir. Le roman de science-fiction est un écrit d'anticipation ; l'imagination y est reine. Les auteurs sont parfois sérieux et rationnels, d'autres fois ignorants, humoristiques. Comme dans les contes de fée, ils s'expriment sans

---
1. J.-M. Rouart, « Vérités », éditorial du *Figaro littéraire* du 29 mars 1996.

retenue : êtres bizarres venus d'autres planètes... voyages dans le cosmos et dans le temps... monstres nés d'expériences génétiques... prolongation de la vie... détermination du sexe... génération sans père... production à volonté de génie ou de géant... pilule de mémoire... Jules Verne (1828-1905) est le grand auteur de science-fiction. Dans les *Voyages extraordinaires*, il y a le sous-marin, le téléphone, l'avion, les voyages interplanétaires. Il façonne un imaginaire scientifique sans toutefois aborder la technologie ; on ne peut pas le compter parmi les précurseurs. Son imagination atteint le fantastique lorsqu'il parle des nébuleuses ou qu'il imagine un voyage au centre la Terre à partir d'un cratère de l'Islande. H. G. Wells (1866-1946) a publié des œuvres d'anticipation : *La Machine à explorer le temps* (1895), *Les Premiers Hommes sur la Lune* (1901). Il donne libre cours à son imagination. Partant de l'idée que des appareils peuvent suppléer à nos fonctions motrices, sensorielles et psychiques, il imagine que l'humanité serait en partie faite de dégénérés inaptes à tout effort intellectuel et physique... La science triomphe mais souvent elle inquiète ; Aldous Huxley (1894-1963) décrit dans *Le Meilleur des mondes* un monde futur effrayant. Il suppose la production par insémination artificielle d'un grand nombre de jumeaux identiques et doués parce que certaines substances auraient été ajoutées dans le liquide amniotique dans lequel ils baignent au stade embryonnaire. Depuis il y a eu les manipulations génétiques... l'imaginaire est devenu réalité ; il a par endroit été dépassé...

Le surhomme, qui a toujours été dans les rêves des philosophes jusqu'à Nietzsche, a été imaginé : il aurait un plus grand cerveau. On peut craindre d'ailleurs que cette acquisition ne soit favorable ni à l'espèce, car source de complications obstétricales si le bassin féminin ne s'élargissait pas en même temps, ni à l'individu car génératrice de troubles circulatoires par l'étirement du réseau terminal de la vascularisation cérébrale. L'inquiétante explosion démographique nous fait entrevoir une terre surchargée d'habitants. John Heaver Fremlin a calculé qu'au taux actuel de l'expansion, la terre portera 60 000 milliards d'êtres humains dans 900 ans. À ce moment, chaque homme ne disposera que de 84 centimètres carrés, soit à peine la place de ses deux pieds, à condition que l'on ait recouvert les continents et les mers d'un plan résistant...

Le roman policier est de pure imagination. Il a été longtemps, il est encore par certains considéré comme une littérature de deuxième ordre. On a déclaré qu'il était le plus souvent mal écrit, qu'il animait des personnages fallots, simples, pions sur un échiquier, qu'il était coupé des réalités et fait d'histoires invraisemblables... parfois immorales. Le discrédit dont souffre le roman policier n'est pas mérité. Sherlock Holmes, Arsène Lupin, Rouletabille, Maigret... nés de la fabuleuse imagination de Conan Doyle, de Maurice Leblanc, de Gaston Leroux, de Georges Simenon, peuplent notre imaginaire. Le roman policier fait partie de la littérature.

« L'œuvre géniale, nous dit Michel Tournier[1], est la rencontre du fait vrai et de la flambée mythologique qu'il provoque chez le lecteur ». Les grands textes sont composés de faits et de gestes précis qui ébranlent tout notre édifice imaginaire.

Dans sa récente biographie de Verlaine[2], Henri Troyat déclare à propos du fait qu'il écrivit en prison les plus beaux poèmes de « Sagesse » que le poète a son imagination fouettée par les épreuves que parfois il recherche alors que le romancier souhaite la tranquillité des journées (Flaubert, Tolstoï, Zola) ». Il

---

1. *Nouvel Observateur*, 17 octobre 1991.
2. H. Troyat, *Verlaine*, Flammarion, 1993.

ajoute : il est toutefois des poètes « au long cours » qui, comme les romanciers, sont des heures durant à leur table de travail (Baudelaire, Mallarmé...)

III - L'ŒUVRE ARTISTIQUE

L'artiste travaille une matière couleurs pour le peintre, marbre ou bronze pour le sculpteur, pierre pour l'architecte, sons pour le musicien.. Il se distingue de l'artisan par le fait que ses œuvres prétendent atteindre la beauté et ne sont pas faites pour être utiles.

Partant de l'idée que le génie, le talent même, ne s'enseigne pas, on a mis en cause tout enseignement des Beaux-Arts, lui reprochant d'être fondé sur l'imitation et la répétition et d'étouffer la personnalité, l'originalité, la spontanéité, l'imagination. Un enseignement apporte la connaissance de l'histoire de l'art, des artistes, des techniques, mais jamais personne n'apprendra à un élève le talent, encore moins le génie. « On peut apprendre un métier, on n'apprend pas l'art » (Marcel Landowski[1]).

« L'art peut créer des mondes imaginaires » écrit André Malraux dans son *Musée Imaginaire*. « L'art ne vaut que dans la mesure où il est création ; s'il imite, s'il répète, s'il se borne à appliquer des règles et des recettes, il n'est plus qu'illusion ou dérision ». La déclaration de René Huyghe signifie mieux encore la part essentielle de l'imagination dans l'art. « Il ne s'affirme que s'il ajoute à ce qui est, et même à ce qui est prévisible[2] ».

1. La peinture et la sculpture

La peinture et la sculpture, dans leurs origines et pendant longtemps, eurent pour objectif la reproduction la plus fidèle, la plus conforme au témoignage des sens, du monde visible ; on les appelait d'ailleurs « art d'imitation » ou « art figuratif ». En fait, la part personnelle et interprétative fut toujours importante.

« La nature, disait Delacroix, n'est qu'un dictionnaire », a rappelé Baudelaire au sujet des conceptions de celui qui fut son maître en esthétique. Cela signifiait qu'elle propose aux peintres des formes comme le dictionnaire propose au poète des mots. De même que le poète choisit et assemble les mots pour en faire un poème, de même le peintre choisit parmi les formes de la nature celles qui lui conviennent pour composer par un travail de l'imagination une œuvre qui exprime sa pensée et ses sentiments.

L'artiste ne réalise jamais une simple reproduction du réel ; s'il représente la nature, il exprime sa manière de la voir et les émotions qu'elle fait naître en lui. Dans son travail intervient une grande part d'imagination. Il projette sur son œuvre l'image de son caractère, de son psychisme, de son état d'esprit. Il est aussi parfois impressionné par la conscience collective et son œuvre est le reflet de la mentalité, des conceptions de l'époque. « On ne peut vraiment comprendre la portée de l'art, écrit R. Huyghe, que si l'on se rend compte qu'il y a deux réalités. L'une, la réalité extérieure, ou si l'on préfère la réalité objective, est l'objet de la forme d'art qu'on appelle le réalisme. Mais il y a la réalité subjective que nous portons en nous-même, que nous vivons et qui constitue un complexe psychique où les instincts, la sensibilité, la pensée, etc, se déploient... » Autrement dit, la même idée est exprimée par Nietzsche : « Aucun artiste ne peut tolérer le réel... L'artiste donne une forme personnelle au réel » ; par Braque : « Il n'y a en art

---
1. Marcel Landowski, *Peut-on enseigner les Beaux-Arts ?* Séance solennelle Académie des Beaux-Arts, novembre 1993.
2. René Huyghe, Daisaku Ikeda, *La nuit appelle l'aurore*, Flammarion, 1980.

qu'une chose qui vaille, celle qu'on ne peut pas expliquer » ; par Ch. Baudelaire : « L'art est une magie suggestive contenant à la fois l'objet et le sujet, le monde extérieur de l'artiste et l'artiste lui-même » ; par Verdi : « Pour l'artiste, il ne suffit pas de copier le réel. Il doit faire mieux encore : l'inventer ».

La création artistique prend sa source dans le réel ; elle est une image venue du monde extérieur, mais aussi le reflet de la personnalité et de l'état d'âme de l'artiste, qu'elle soit figuration ou abstraction ; chez certains, la projection est faite d'angoisse, de tristesse ; chez d'autres, de violence, de fantastique ; chez d'autres de mysticisme... Le même paysage peint par Courbet, Corot, Cézanne, Dufy, Vlaminck ou Van Gogh, sera absolument différent. Peint par un peintre japonais, par un peintre du XVIIIe siècle, par un impressionniste... il sera absolument différent. Les critères de goût mais aussi la sensibilité diffèrent avec les époques et avec les lieux. Les tableaux et fresques de la religion chrétienne ne sont lisibles que par ceux qui connaissent la Bible, les Évangiles et la vie des Saints. L'imagination intervient pour une grande part dans le choix et la composition des scènes et fêtes du Christianisme. Une tapisserie du Moyen Âge nous demande un effort pour comprendre la scène représentée. Inversement, un homme du XIIe siècle ne verrait rien dans certains tableaux modernes.

Durant le Moyen Âge, du XIIIe au XVIe siècle, la peinture était non seulement sur les murs mais aussi dans les livres : des miniatures appelées « enluminures » ornaient les anciens manuscrits, les livres religieux... Les peintres, surtout au XVe siècle, dépassèrent le monde de l'imitation de la réalité pour inventer, selon le mot d'André Malraux, le monde propre de la création picturale.

La Renaissance, malgré la floraison d'œuvres géniales, fut en elle-même, en art comme en littérature, dominée par l'admiration des œuvres de l'Antiquité classique. Non seulement on y voyait des trésors d'art et de science à exploiter mais des modèles à imiter. « Les anciens avaient réalisé des œuvres parfaites ; ils avaient atteint la Beauté même. Donc mieux on imiterait leurs œuvres et plus on serait sûr d'atteindre la Beauté » écrit Régine Pernoud[1] qui ajoute : « Il nous paraît difficile aujourd'hui d'admettre que l'admiration doive en art amener à imiter formellement ce que l'on admire, à ériger en loi d'imitation ». C'est pourtant ce qui s'est produit au XVIe siècle. Au Moyen Âge, dit-elle, au contraire « tout art est invention ». « Le nom du poète aux temps féodaux était le trouvère, celui qui trouve, trouveur : troubadour, autrement dit l'inventeur ».

Léonard de Vinci (1452-1519), Michel-Ange (1475-1564), Raphaël (1483-1520), Van Dyck (1599-1641), Rubens (1577-1640), s'efforçaient d'éliminer dans la plus large mesure la subjectivité pour reproduire la réalité : paysage ou corps humain. Il est difficile d'aller au-delà dans la maîtrise de la forme. Léonard de Vinci avait une connaissance parfaite de l'anatomie d'après des dissections. Il s'inspirait librement de la nature ; ses lointains verdâtres et bleuâtres portent un mystère qui stimule l'imagination. La vue d'une salle en mauvais état le conduisait à imaginer des scènes fantastiques ; des figures insignifiantes : lézardes d'un mur, moisissures d'un plafond lui suggéraient un sens (*Carnets*, Gallimard, tome II, 1942).

À la fin du XVIe siècle, certains artistes appelèrent les allégories, les énigmes à leur rescousse, dans une explosion de bizarreries et d'étrangetés, de déformations même. La part du songe est un thème qui traverse l'histoire de l'art. J. Bosch (1450-1516) fut un peintre du fantastique dans lequel les surréalistes voient un précurseur. L'iconographie chrétienne lui fournit des thèmes : dans *La*

---

1. Régine Pernoud, *Pour en finir avec le Moyen Âge*, Seuil, 1992.

Tentation de saint Antoine, les démons ont tantôt l'apparence de jeunes séductrices, tantôt de créatures monstrueuses. Il a puisé aux sources de l'imaginaire de son époque. Ce style qui se développa d'abord aux Pays-Bas fut appelé maniérisme, car il accorde un rôle majeur à la « manière » de traiter les formes ; le terme, comme le sera celui de baroque, fut à l'origine employé dans un sens péjoratif.

Aux XVIIe-XVIIIe siècles, le style baroque[1] (superlatif de bizarre) s'applique à une période plus ou moins déterminée allant de la fin de la Renaissance au néoclassique.

De Naples à Saint-Pétersbourg[2], en passant par Rome, Venise, l'Autriche, la Bavière, la Bohême... pour s'opposer à la Réforme et aux austères commandements de Luther et de Calvin, s'éleva un front de monuments richement décorés dans le désir de rendre la religion catholique attrayante. L'art Baroque fut principalement motivé par la contre-réforme : liberté des formes, exubérance, profusion des ornements, débauche de stuc, de marbres, d'or, d'anges. Il laisse libre cours à la fantaisie, à l'imagination en peinture comme en sculpture.

– Les arts poétique, plastique, pictural ont longtemps eu comme seul but la reproduction de la nature. Devenus plus libres, ils font intervenir l'imagination dans leur traduction de la réalité. L'art abstrait libéré du poids de la réalité élimine toute évocation du monde extérieur réel, toute figuration réaliste « qui étouffe l'inspiration » et qui freine l'imagination. La couleur d'abord : la richesse chromatique est sans précédent dans l'histoire de l'art. La forme ensuite : libérée de toute contrainte, elle débouche sur des possibilités illimitées. À partir de ces deux données fondamentales, les combinaisons sont innombrables. La volonté de non-représentation objective, la réinvention de la réalité et la domination de l'imagination se sont exprimées dans des abstractions intégrales lyriques parfois délirantes. Une singulière concomitance existe entre l'événement littéraire et l'événement artistique. Mallarmé et ses disciples pensaient que le poète ne doit plus s'adresser qu'à des initiés imbus du principe d'idéalité. L'idée doit demeurer incommunicable. Les peintres réalisent des tableaux d'une technique et d'une composition inaccoutumées. On a voulu trouver les prémices de l'art abstrait sur les peintures murales des cavernes paléolithiques ou sur les flancs des vases grecs du VIe siècle av. J.-C... On peut admettre son existence continue dans l'art islamique qui s'interdit la représentation figurative. En fait, l'art abstrait est né dans la première décennie du XXe siècle.

– La fin du XIXe et le début du XXe furent une période incomparable pour la peinture et surtout pour la peinture française. Les inventions, photographie, cinéma, qui produisaient une image exacte, pouvaient faire perdre la source de revenus que représentaient les portraits de famille. Les peintres durent chercher autre chose que la reproduction fidèle de la réalité. Inspirés par les tableaux de l'Anglais William Turner (1775-1851), les impressionnistes dessineront à grands traits, placeront la couleur et ensuite la forme. Quelle profusion de talents ! Les peintres dressaient leur chevalet en plein air et peignaient suivant leur imagination, selon leur impression personnelle. Ils ne cherchaient plus à illustrer la Bible ; lors du salon de 1859, on put constater que la peinture religieuse historique et mythologique était morte. Ils s'attachaient aux sujets de la vie quotidienne, de la nature. Les impressionnistes sont responsables de l'une des plus violentes ruptures de l'histoire de l'art. Gustave Courbet (1819-1877),

---

1. Baroque, du portugais *barroco* : perle irrégulière.
2. Dominique Fernandez, *La Perle et le Croissant, L'Europe baroque de Naples à Saint-Pétersbourg*, Terre Humaine, Plon, 1995.

Claude Monet (1840-1926), Pierre Auguste Renoir (1841-1919), Édouard Manet (1832-1883)... laissent à l'œil et à l'imagination le soin d'unifier les touches divisées du pinceau. Il est admis que, deux siècles plus tôt, A. Watteau (1684-1721), par sa technique picturale par touche, par la composition de ses tableaux, par la fantaisie puisée dans son imagination, s'était éloigné déjà de la peinture traditionnelle. À la même époque que les impressionnistes, Ingres (1780-1867) dessinait et peignait avec grand talent, Corot (1796-1876) brossait des paysages, Delacroix (1798-1863), le grand romantique, dessinait et peignait.

Au tournant du XIXe siècle, un nouvel art en rupture avec les codes esthétiques traditionnels fit appel à l'irrationnel. Dans la suite de la révolution impressionniste, les écoles se sont succédé dans une telle précipitation qu'il est difficile d'établir une chronologie. La volonté figurative s'effaça au profit des combinaisons de couleurs et de structures libérées du monde physique. Le divisionnisme applique sur la toile par touches fragmentées des couleurs vives qui frappent l'œil et laissent le soin au cerveau de faire le mélange. Le pointillisme juxtapose au lieu de mélanger (Seurat, 1859-1891). Le cloisonnisme cerne d'un trait sombre les objets et les éléments du paysage pour séparer les teintes posées en « à plats », ce qui donne une impression de cloisonné (Gauguin, 1848-1903). En fin d'année 1888, quelques jeunes peintres entraînés par l'un d'entre eux, Paul Sérusier, choisirent de se grouper sous le terme quelque peu mystérieux de Nabis qui signifie prophète en hébreu. Sérusier, subjugué par Paul Gauguin qu'il venait de rencontrer à Pont-Aven, avait décidé d'annoncer ce qui était devenu pour lui le nouvel évangile de la peinture : ne garder du motif que l'essentiel, substituer à la représentation de la nature l'interprétation d'une idée, le rêve, simplifier la forme, exalter la couleur pure : réaction contre les impressionnistes jugés trop fidèles à la nature par Gauguin qui les avait d'abord suivis. Le nabisme occupa une place très importante dans les années 1890 et prépara le public à d'autres expériences. Le symbolisme, sorte de combat d'arrière-garde, est le contraire de l'impressionnisme qui observe directement la nature, le plein-air, la lumière ; il prend ses sujets dans les mythologies, aime le crépuscule, la nuit (Puvis de Chavannes, 1824-1898 ; Gustave Moreau, 1826-1898 ; Odilon Redon, 1840-1916). Le mouvement ne se limita pas à la peinture mais engloba la poésie, la musique, les arts décoratifs. Le fauvisme, expression lancée lors du salon de 1905, se caractérise par la libération des couleurs et des formes, des couleurs toujours vives comme l'impressionnisme mais aussi l'excès de lyrisme, déformation de l'objet pouvant aller au bord de l'abstraction (Matisse, Derain, Rouault, Vlaminck, Dufy, Braque...). Le cubisme (1906) provoqua un choc ; c'est la plus audacieuse voie créatrice : il ne s'agit plus de lumière, de couleur, mais de formes, d'objets, de personnages. Les tableaux sont non l'imitation directe des formes de la nature mais sont représentés à travers toutes leurs faces. Une boîte, un visage sont donnés sous tous leurs profils qui sont tous en effet équivalents ; on doit les apercevoir de tous leurs côtés. Révolution folle en réalité, hyperobjective, hypersensorielle, hyperperspective. Picasso, en fut le chef de file, Braque le suivit.

Le surréalisme charge le tableau de visions quasi hallucinatoires, d'énigmes, de fantasmes empruntés au domaine du rêve. C'est l'art de dépasser le réel. André Breton (1896-1966), le pape du surréalisme, affirma dans le *Manifeste du surréalisme* paru en 1924 les droits du rêve contre une réalité insuffisante. Le surréalisme est un état perpétuel d'excitation imaginative (R. Magritte, Chirico). Il fait penser à l'épreuve psychiatrique appelée test de Rorschach qui consiste à analyser l'interprétation d'une tache d'encre symétrique par un patient qui voit soit un papillon, soit une chauve-souris, soit un objet, soit un organe, soit un paysage... Delacroix écrivait dans son Journal : « La peinture n'a pas toujours besoin d'un sujet »... Pour juger ses œuvres, il les regardait retournées ; ainsi affranchie du figuratif, la couleur exerçait mieux ses réductions et ses magies. Le surréalisme a fait peu de disciples mais compte des êtres exceptionnels en qui on voit une inspiration géniale. Un artiste novateur et créatif comme Picasso se tiendra à distance. Antonin Artaud et Salvador Dali, les plus proches du génie naturel, furent exclus de l'orthodoxie surréaliste qui cultivait le génie. En réaction contre les années d'inflation abstraite, des peintres se tournèrent vers le réel : l'image et la figure réapparurent... Les hyperréalistes utilisèrent les ressources de la photographie pour faire une reproduction fidèle ! Ils sont parfois inspirés par des images venues du cosmos ou de l'atome.

Partout se manifesta donc la volonté d'en finir avec l'art du passé et de promouvoir un art en sculpture, en musique, en architecture...

– La sculpture a suivi la peinture. Longtemps et encore le plus souvent figurative, elle s'est laissée au contraire conduire par l'imagination dans la création non plus de plastique sculpturale, mais de créations étranges réalisées à partir d'éléments hétéroclites : ferrailles, tôles, pierres, racines, objets métalliques, matériaux compressés. Il ne s'agit plus de mettre en valeur un volume opaque mais un réseau transparent de pleins et de vides à travers lequel vibre la lumière. L'imagination y est reine !

2. L'architecture

Dans l'architecture, on observe aussi les flux et les reflux du rationnel strict et froid et de l'imagination foisonnante de surcharges.

Les architectures grecques et romaines étaient simples, dépouillées, jamais pompeuses : temples, arcs de triomphe, arènes, théâtres obéissaient à des canons artistiques qui correspondaient à des règles de proportion dictées par l'esthétique. Seules les colonnes portaient des éléments décoratifs composés, du dorique sobre et nu aux volutes de l'ordre ionique et aux feuilles d'acanthe de l'ordre corinthien. Dans le même temps, l'art oriental, bouddhique en particulier, se caractérisait par un foisonnement décoratif.

L'architecture chrétienne fut d'abord inspirée par l'art romain. Les basiliques des premiers chrétiens sont simples, nues, austères. Le roman fut ainsi nommé en raison de ses emprunts à l'art romain : voûtes d'arêtes, voûtes en berceau. La décoration devint luxuriante dans un irréalisme résolu sur les façades d'églises et dans les cloîtres (abbaye de Cluny). La « révolution » cistercienne (XIIe siècle) représente un retour à l'austérité et à la rigueur ; seuls les chapiteaux des galeries des cloîtres portent des sculptures. Le style gothique commença dès le XIIe siècle (Notre-Dame de Paris). Le mot gothique désignait pour les artistes de la Renaissance une facture qu'ils considéraient comme barbare et qu'ils croyaient avoir été introduite en Italie par les Goths, ceux-là même qui avaient détruit l'empire romain. Le gothique, caractérisé par la voûte sur croisée d'ogives et l'emploi systématique de l'arc brisé, est aussi très austère : les sculptures se réduisent à peu de chose ; la décoration intérieure est faite uniquement de peinture murale.

La Renaissance apporta un renouveau artistique. L'esprit gothique est conservé mais s'y ajoutent médaillons, volutes, sculptures d'inspiration italienne. Un souffle nouveau est dû au talent de Michel-Ange, souvent considéré comme le « père » du Baroque, c'est-à-dire de toute œuvre qui s'éloigne du classique par la complication prolifique des formes. Le baroque allie le grandiose à l'exubérance et même à l'extravagance sorties d'imaginations inépuisables. L'art de la Renaissance est une recherche de la beauté sereine et équilibrée. L'art baroque est au contraire l'expression de l'inquiétude qui régna pendant les guerres de Religion. Il s'étendit à toute l'Europe, dans les pays les plus fervents : Italie, Allemagne, Autriche, Amérique Latine. En France où régnaient le rationnel, l'ordre, la mesure, la ligne droite l'a presque toujours emporté aussi bien dans les jardins que dans les intérieurs ; tout ce qui ressortissait de l'imagination était suspect de mauvais goût ; le baroque de Versailles, moins exubérant que celui des pays voisins, est volontairement plus proche des formes classiques ; la demeure du Roi Soleil est avant tout traditionnelle ; elle laisse peu à l'irrationnel. Le baroque ne s'affirma en France que dans les arts mineurs : l'orfèvrerie, le bronze, la décoration intérieure ; les façades demeuraient résolument classiques. Au contraire, dans les pays nordiques et germaniques, des créateurs géniaux, dont le plus exemplaire fut Louis II de Bavière, firent bâtir des châteaux, des églises, à la mesure de leur imagination. L'art ouvrit ses portes au rêve, au fantastique, aux illusions d'optique et aux trompe-l'œil les plus audacieux. Le pouvoir du réel et de la raison est battu en brèche par l'imagination qui déforme, transforme, embellit. Le baroque sublimé porté à son paroxysme devint le Rococo fait de volumes fantasmagoriques, de décorations extravagantes.

3. La musique

L'une des neuf muses, Terpsichore, représentée jouant de la harpe, est la muse de la danse, du chant, de la musique.

Musique et littérature furent inséparables pendant des siècles. Les Grecs, les Celtes récitaient des poèmes en s'accompagnant de la lyre ou de la harpe. Les trouvères et les troubadours chantaient l'amour courtois. Ronsard accompagnait ses odes d'une partition de luth. Louis XIV jouait de la guitare et chantait... La scission se fit au XVIIIe siècle. La musique parut relever plus de la sensibilité, de l'imagination, que de l'intelligence. Fontenelle alla jusqu'à déclarer : « elle est parmi les arts dangereux où règnent des forces irrationnelles qui appartiennent au domaine des sens plus que de l'esprit ». Voltaire, Rousseau, Chateaubriand, Lamartine semblent avoir été peu sensibles à la magie sonore. Au contraire, Musset, Baudelaire, Mallarmé, et surtout George Sand, il est vrai instruite par Liszt et Chopin, furent passionnés par le charme mystérieux de la musique.

Comme les autres arts, la musique dans toutes ses formes, symphonie, sonate, concerto, opéra... n'est pas dissociable de l'époque à laquelle elle est composée. Sans leur être subordonnée, elle est influencée par les événements politiques, religieux, culturels. Le romantisme musical apparaît avec un certain retard par rapport au romantisme littéraire. Il se retrouve chez Berlioz, chez Schumann, chez Chopin, chez Liszt, chez Beethoven[1]... Le musicien romantique comme le poète met sa personnalité au premier plan. Il rejette les règles traditionnelles et écrit librement au gré de son inspiration et de son imagination. La musique cesse d'être abstraite, écrite pour la seule beauté de la forme et de la matière musicale, elle est l'instrument de l'expression lyrique ; elle est un langage poétique et dramatique.

La musique si diverse dans ses formes, si influencée qu'elle soit par l'environnement, a toujours trouvé sa source dans l'imagination. Le compositeur exprime des pensées et des sentiments par des sons, le poète par des mots mais aussi par une musique, le peintre par des couleurs. Il a fallu particulièrement de

---

1. B. et J. Massin, *Histoire de la musique occidentale,* Messidor, Temps Actuels, 1983.

l'imagination à Ludwig Van Beethoven qui, devenu sourd, écrivait, lisait et écoutait sa partition sans l'entendre. « Ce que j'ai sur le cœur, il faut que ça sorte » disait-il. La privation sensorielle est paradoxale en musique ; le compositeur entend chanter ce qu'il écrit sans avoir à recourir à un instrument. Un peintre aveugle est au contraire inconcevable. B. Gavoty s'est demandé si l'infirmité de Beethoven, empêchant le contrôle par l'oreille de la musique composée dans l'abstrait, n'a pas favorisé certaines audaces d'écriture.

En conclusion, l'imagination intervient, c'est évident, dans toute création artistique au-delà de toute rationalité. Th. Ribot (1839-1916) a distingué deux types d'imagination artistique : l'imagination plastique ou imagination des formes et des couleurs est celle des sculpteurs, des peintres, des graveurs, des poètes et écrivains qui s'efforcent d'exprimer par des mots les contours, le relief, les couleurs des choses (Leconte de Lisle, Victor Hugo, Heredia, Flaubert...), imagination remarquable par sa netteté, par sa précision. L'imagination diffluente est celle des musiciens ou des poètes qui imitent la musique (Verlaine, Mallarmé), imagination au contraire plus vague, plus imprécise, qui n'est plus celle des formes et des couleurs, mais est celle des émotions et des sentiments.

IV - L'ŒUVRE SCIENTIFIQUE

On oppose souvent la recherche scientifique du supposé visible aux croyances religieuses concernant l'invisible. En fait, la distinction n'est pas absolue ; dans la recherche astronomique, comme dans la recherche atomique, on ne voit jamais directement les galaxies et les corpuscules ; on observe les « traces » d'un réel invisible. La conviction est donc en partie fondée sur l'imagination.

Ajoutons que, si après Descartes, l'activité scientifique parut fondée uniquement sur la Raison alors que l'Imagination en serait bannie. Malebranche, son contemporain, l'appela « la folle du logis ». On a depuis constaté au contraire que, dans l'œuvre de nombreux chercheurs scientifiques, c'est souvent elle qui va de l'avant (voir page 76).

Il serait intéressant de reconstituer le cheminement de la pensée des créateurs de génie : Galilée, Newton, Pasteur, Edison, Einstein... pour y découvrir la part du raisonnement et celle de l'imagination qui ont précédé leur découverte ou leur invention.

1. La méthodologie scientifique

Gaston Bachelard[1] (1884-1962) distingue trois grandes périodes dans l'évolution de la pensée scientifique. 1°) L'état préscientifique : de l'Antiquité au XVIIIe siècle, les esprits s'étonnent, s'émerveillent des phénomènes. La science est encore étroitement liée à la religion. 2°) L'état scientifique : au XVIIIe et au début du XIXe, l'heure n'est plus à la simple observation mais à la théorisation. La science impose ses démonstrations. 3°) Le nouvel esprit scientifique : l'esprit élabore des théories détachées de l'expérience immédiate. Il est livré à l'induction, au doute, à la relativité. Bachelard écrit : « L'objectivité scientifique doit rompre avec l'objet immédiat. Toute observation doit tout critiquer, et être vigilante jusqu'à la « malveillance ». Ce qui signifie que le scientifique doit tout remettre en question et aller au-delà de l'évidence première. Ce qui signifie que la rationalité rigoureuse doit dominer la subjectivité imaginative. Pasteur écrit :

---

1. G. Bachelard, *La Formation de l'esprit scientifique*, Paris, Vrin, 1993.

« L'imagination doit donner des ailes à la pensée, mais il faut des expériences décisives ne laissant aucune place à l'imagination ».

La rationalité a en effet une place privilégiée dans la méthodologie scientifique. De l'observation des faits, naissent dans l'esprit du chercheur une ou plusieurs hypothèses, que génère pour une grande part l'imagination. L'hypothèse est vérifiée ou contournée par l'expérimentation dont le but est de reproduire le phénomène que l'on veut comprendre : il se fait un perpétuel va-et-vient entre raisonnement, imagination et expérience.

La théorie est ensuite formulée sur des bases rationnelles. Claude Bernard a défini l'hypothèse comme une idée logique à soumettre à la critique expérimentale et la théorie comme une hypothèse expérimentalement vérifiée. Toutes les théories scientifiques sont fondées sur des hypothèses ; elles inspirent des mises en pratique et connaissent souvent des succès de masse avant d'être vérifiées dès l'instant où un minimum de conditions favorables sont réunies : logique du raisonnement, formalisme de la présentation, notoriété de l'auteur et efficacité.

Peter Brian Medawar (prix Nobel 1960) a écrit : « L'enquête scientifique commence toujours par l'invention d'un monde possible ou d'un fragment de monde possible[1] ». Le rôle de l'imagination est plus grand dans l'invention que dans la découverte scientifique. Inventer est imaginer quelque chose qui n'existait pas encore : l'imprimerie, la photographie, l'électricité par exemple. Découvrir est trouver un fait ou une loi qui existaient mais qui étaient inconnus, ignorés. Les lois élaborées par les chercheurs reposent souvent sur des « postulats » qui sont l'expression même de notre ignorance rationnelle fondamentale ; chaque fois que sont reculés les mystères de l'Univers d'autres hypothèses doivent être formulées...

Il est des sciences qui ne progressent que par raisonnement logique et d'autres qui nécessitent une grande part d'imagination. Notre savoir sur les origines de l'Univers, de la Vie, des Hommes, qui faisaient appel à l'imagination des prêtres et des poètes, découle de celle des scientifiques. Elle intervient aussi bien dans les théories de l'extrêmement grand que de l'extrêmement petit. Le Big-bang et l'expansion de l'Univers, la « soupe primitive » et la naissance de la Vie, et le passage de l'inerte au vivant, l'origine de l'Humanité à partir de l'animalité, la constitution de la matière, la composition atomique... ont progressé avec l'aide de l'observation, du raisonnement, et beaucoup aussi de l'imagination. Le paléontologue, le préhistorien recomposent le passé de l'Homme, supposent l'évolution à partir de quelques pièces osseuses ou quelques peintures murales autant par imagination que par raisonnement. Le microphysicien imagine la structure de l'atome comme un petit système planétaire plus qu'il ne le constate ; il se représente dans l'atome, une masse centrale, le noyau, et autour les électrons comme des sortes de petites planètes en orbite.

La méthode rationnelle ne peut éviter quelques incertitudes car les constructions de l'esprit sont nécessairement fondées sur certaines abstractions et sur une part d'approximation.

Toute science en effet progresse en faisant abstraction de certaines variables dont on suppose qu'elles n'ont pas ou peu d'influence sur le processus étudié ; elle ne retient que ceux qui ont une valeur « universelle ». Mais les facteurs sont multiples et ceux considérés comme négligeables ne le sont peut-être pas ? En médecine, par exemple, où ils sont si nombreux : âge, sexe, antécédents, climat, sensibilité, psychisme, allergie... chacun peut conditionner un aspect clinique particulier et la singularité peut être à l'origine d'un échec thérapeutique. En

---

1. P. Medawar, *The Limit of Sciences*, Harper et Row, 1984.

sociologie, où interviennent tellement de facteurs économiques ou politiques, comment être certain que ceux dont on fait abstraction pour simplifier dans un but pragmatique ne sont pas motivants... Lorsqu'on introduit une donnée nouvelle dans un ordinateur, tous les calculs sont à refaire.

Dans toute science aussi, on doit conclure dans une certaine approximation, c'est-à-dire négliger les petites quantités et des facteurs qui tiennent aux particularités de l'objet de la recherche. Il y a dans toute mesure une marge d'incertitude. La frontière entre l'erreur et la vérité est souvent floue. L'essentiel est que la distance par rapport au vrai reste dans des limites déterminées acceptables.

La méthode rationnelle s'applique plus difficilement aux sciences humaines et sociales qu'aux sciences physiques et biologiques. La psychologie, la sociobiologie, les sciences morales ou politiques sont difficilement rationalisables. Les événements psychiques et sociaux ne sont pas seulement déterminés par des facteurs extérieurs ; la vie mentale est souvent irrationnelle. Certains voient là l'expression de l'incoordination et des conflits qui naissent entre le cerveau ancestral de l'émotion et de l'instinct, et le néoencéphale d'où part en principe la voix de la raison ; ce qui est bien théorique. Les planifications sociologiques cohérentes sont rendues aléatoires par l'intervention de facteurs imprévisibles et incontrôlables. Il est plus difficile qu'hier de prévoir et de gouverner. « S'évanouit l'idée simple que la science va, à délai prévisible, rationaliser et ordonner la vie internationale, les nations, la société, la famille, et assurer le bonheur de l'homme » (J. Fourastié[1]).

Le réductionisme. La science d'aujourd'hui s'efforce de rendre compte de phénomènes multiformes en découvrant des relations simples et si possible expérimentalement testables. Aussi bien en physique qu'en biologie, on cherche à expliquer la complexité en décomposant en petites unités, en décrivant les phénomènes en termes de molécules d'atome, d'électrons, de protons et de neutrons. « La science consiste à substituer au visible compliqué de l'invisible simple » a dit Jean Perrin. La connaissance de l'infiniment petit est éclairante et nécessaire, mais ne suffit pas à comprendre le global. La connaissance du monocellulaire ne contient pas l'explication des pluricellulaires, celle du neurone n'explique pas les fonctions du cerveau.

R. Thom[2] estime que décomposer en petites unités est radicalement insuffisant même si on ajoute à la liste les quarks d'autres micro entités car le mélange de description et d'explication n'est qu'approximatif, abusivement simplificateur et ne rend pas compte de la complexité du réel. Pour lui, les conceptions selon lesquelles toutes les réalités physiques ou biologiques peuvent être assimilées à des mécanismes plus ou moins compliqués dont il suffit de démonter les rouages font obstacle à une science authentique. Ce qui ne signifie pas que les méthodes de la science moderne soient disqualifiées et qu'une conception métaphysique pour atteindre les structures profondes soit proposée, mais qu'il invite les chercheurs à prendre conscience des limites des procédures analytiques expérimentales, à faire appel à leur imagination et à opter pour une conception plus « globaliste » des phénomènes qu'ils étudient. Platon exprimait la même idée lorsqu'il disait que les choses que nous voyons sont de simples reflets et que « pour arriver à l'être lui-même » il faut réussir à mettre la main sur des structures transcendantes. Goethe aussi critiquait : « Ce qui vit peut être séparé en ses éléments mais on ne peut plus, alors, le recomposer et l'animer ».

---

1. J. Fourastié, *Réflexions sur la science d'aujourd'hui,* Ac. Chirurgie, 1981, 107, 23-25.
2. R. Thom, *Paraboles et Catastrophes*, Flammarion, 1983.

Il nous paraît en particulier évident que les phénomènes de régulation biologiques ne peuvent être compris que si l'on adopte le point de vue global holistique respectueux de la complexité de la vie.

Jean Hamburger[1] a longuement réfléchi sur les limites de la connaissance rationnelle : la recherche scientifique se heurte à l'impossibilité d'intégrer en un tout homogène les images diverses du monde. Il appelle césure « la discontinuité qui interdit au chercheur d'unifier totalement les résultats qu'il obtient sur le même objet à des échelles et avec des méthodes différentes ». Il donne des exemples tirés de la biologie : l'allergie, le rejet des greffes, ou de la physique : la lumière, les constituants de la matière, le passage d'une observation macroscopique à des échelles infiniment petites qui aboutit à une vision différente de l'objet. Expliquer le tout par l'analyse des éléments peut devenir malaisé ou même pratiquement impossible pour peu que les éléments soient innombrables.

Dans le même sens, on peut constater que les recherches sur le neurone et ses constituants ne nous ont pas encore éclairés sur tous les mécanismes globaux du cerveau qui sont à l'origine de la pensée et le support de la mémoire[2] ; il y a une césure entre les travaux réductionistes des anatomistes, physiologistes, neurochimistes... et les études globales des psychologues, sociologues, psychopathologistes... N'est-ce pas là aussi le défaut d'un enseignement qui réduit le corps humain en particules atomiques, en éléments chimiques, en unités histologiques, et néglige d'associer une vision globale de l'Homme ?

*

La rationalité garde une place privilégiée dans la méthodologie scientifique mais le dogme rationaliste érigé en doctrine conduit les hommes à l'esclavage spirituel et parfois physique. Toute doctrine est un système fermé ; elle peut entraîner un philosophe, un chercheur, un homme politique, un citoyen, à s'enfermer dans un système, à être prisonnier d'apriorismes, à n'entendre et ne retenir que ce qui va dans le sens souhaité[3]. Une doctrine peut se transformer en dogme, et le dogme est une contrainte imposée qui exclut tout débat ; il est générateur de fanatisme, de guerres, de génocides, de tortures... Les Romains ont martyrisé les chrétiens ; les chrétiens ont persécuté les hérétiques « pour les sauver », les intégristes assassinent. « Ce n'est pas seulement l'intérêt qui fait s'entre-tuer les hommes. C'est aussi le dogmatisme. Rien n'est aussi dangereux que la certitude d'avoir raison[4] ». On ne voit que ce que l'on veut voir, on n'entend que ce que l'on veut entendre. On nie la réalité, on crée une surréalité.

L'aveuglement idéologique conduit à l'intolérance des intégrismes religieux et des régimes totalitaires. Le stalinisme et l'hitlérisme ont fait appel à des dogmes rationalistes : tout est dans la société expliqué, organisé en fonction de quelques idées premières catégoriques et sous prétexte des intérêts collectifs. Les individus sont traités en objets et manipulés en vertu de principes d'ordre et d'efficacité ; par volonté de puissance et sous le prétexte d'assurer le bonheur du peuple, on passe des idées aux plans, des plans aux actes et aux machines infernales qui broient les individus. La raison devient folle quand elle est comme dans la dictature un instrument de pouvoir ; dans « l'état rationnel », l'homme est prisonnier d'une société surveillée qui pense pour lui ; le dissident soviétique A. Zinoviev appelle cela « le Ratorium ». Le comble est que la doctrine persiste

---
1. Jean Hamburger, *La Raison et la Passion,* Réflexion sur les limites de la connaissance. Seuil, 1984.
2. G. Lazorthes, *Le Cerveau et l'Esprit,* Flammarion, 2e édit., 1984.
3. D. Janicaud, *La Puissance du rationnel*, Gallimard, 1985.
4. F. Jacob, *Le Jeu des possibles*, Essai sur la diversité du vivant, Fayard, 1981.

parfois malgré la preuve évidente de son échec, de sa barbarie. Dans leur outrance, les « maoïstes » de mai 1968 criaient « l'imagination au pouvoir » pour exprimer leur rejet des sociétés qui tuent les libertés... mais leur modèle était lui-même prisonnier d'un dogme idéologique. Là où le dogmatisme règne, les libertés sont captives. L'aliénation de l'homme ne vient pas seulement des régimes totalitaires ; dans les démocraties les plus libérales, par dogmatisme rationnel, l'État étend son emprise croissante sur l'individu grâce à une bureaucratie anonyme toute-puissante... Il y a 150 ans, Alexis de Tocqueville dénonçait déjà le despotisme démocratique qui réduit chaque nation à n'être plus qu'un troupeau d'animaux timides dont le gouvernement est le berger. L'appétit de sécurité risque d'étouffer le goût de la liberté. Dans la Russie libérée et démocratique, il y a des nostalgiques du régime soviétique.

Le dogmatisme scientifique est aussi détestable. Karl Popper[1] rejette toute doctrine rationaliste ; les théories scientifiques ne sont que des « inventions humaines ». Tout dogme qui inscrit que l'avenir humain est programmé par avance enfermé dans un système de lois n'est pas acceptable. Cela peut paraître exagéré mais il ne faut pas oublier que des savants ont interprété avec un esprit de système et avec des idées préconçues le résultat de leurs recherches. Lyssenko, directeur de l'Institut de Génétique de Moscou, a plongé la biologie soviétique dans l'erreur pendant deux décennies en soutenant une théorie selon laquelle les mutations n'apparaissent pas au hasard mais peuvent être provoquées à volonté dans la direction souhaitée. Ce qui allait à l'encontre du principe de la non-transmissibilité des caractères acquis, mais par contre apportait des arguments au dogme de la responsabilité totale de la société. Paul Kammerer, zoologiste autrichien, prétendit avoir trouvé chez les tritons, les crapauds et autres animaux, des cas d'hérédité de caractères déterminés par des manipulations externes. Ses expériences ne purent pas être reproduites et des enquêtes découvrirent la tricherie. Kammerer déshonoré se suicida. Swaminathan, dont le blé irradié n'avait pas les vertus promises, a lancé les agronomes dans des travaux longs, inutiles et coûteux. La tricherie dans le domaine de la Science est motivée par le désir de faire parler de soi ou de satisfaire une idéologie, une « doctrine rationnelle ». En fait, il s'agit d'une création imaginaire travestie en rationalité. Les cas de tricherie scientifique sont heureusement rares.

2. La vérité scientifique ?

Découvertes et inventions sont reconnues comme vérités scientifiques lorsqu'elles sont rationnelles, c'est-à-dire non antinomiques aux autres, intelligibles et utilisables.

Tout système élaboré ne doit *pas être antinomique aux autres* et doit être complémentaire. Ainsi sa véracité est renforcée. La théorie de Broglie sur la mécanique ondulatoire a uni les théories ondulatoire et corpusculaire qui paraissaient contradictoires et même hétérogènes. Elle a paru alors la « vraie explication ». L'hypothèse darwinienne de l'évolution des espèces n'est pas à proprement parler intégralement vérifiée ; pourtant elle se révèle féconde et rend compte de pas mal de faits ; c'est une hypothèse éclairante et rationnelle. Toute construction nouvelle doit pouvoir établir la jonction entre deux systèmes ou deux disciplines séparés : la biologie moléculaire est l'union féconde de la biologie et de la chimie organique ; la sociologie est liée aux faits économiques et politiques.

---

1. K. Popper, *L'Humanité irrésolue. Plaidoyer pour l'interdéterminisme*. Hermann, 1984.

Toute construction scientifique doit être *intelligible*. Elle l'est d'autant plus qu'on peut lui intégrer des phénomènes du même ordre que ceux pour lesquels elle a été conçue. Ainsi la découverte de nouvelles planètes dans le système solaire qui s'est intégré dans le système de Newton en a prouvé la vérité. Ainsi la découverte de nouveaux éléments qui ont trouvé place dans la classification périodique de D.I. Mendeleiev l'a vérifiée. L'accord possible entre les idées élaborées par la raison et l'imagination et la Réalité est, en lui-même, troublant. « Ce qu'il y a de plus incompréhensible, a dit A. Einstein, dans une boutade célèbre, c'est que le monde soit compréhensible ». Mais l'est-il réellement et le sera-t-il un jour ? « L'intelligibilité n'a pas suivi, écrit R. Thom[1], et notre science nous livre un monde opaque où nos schémas de compréhension d'origine cérébrale livrent un combat désespéré pour suivre les possibilités de la description mathématique — ou la finesse de la description phénoménale. Pourrons-nous un jour raffiner nos moyens d'intelligibilité au point de « comprendre » ces mondes que la science nous dévoile ? Si l'humanité se contente de conquérir un pouvoir sur les choses, elle pourra sans doute se résigner à l'incompréhension, car on peut agir sans comprendre les raisons de l'efficacité de son action ; si par contre elle tient au bonheur, il lui faudra répondre à ce besoin de comprendre ».

L'efficacité des techniques qui découle des conceptions scientifiques confirme leur accord avec la réalité. L'exploration de l'infini et de l'immense au-delà de nos capacités sensorielles et cérébrales par raisonnement ou par imagination pure a considérablement accru nos possibilités d'action. La théorie des quanta énoncée par Max Planck et qui, pour Einstein, n'était qu'un pis-aller et à laquelle on est réduit en raison de l'imperfection de nos instruments de mesure et de notre ignorance de tous les éléments, est encore hypothétique mais elle révolutionne notre vie quotidienne dans les » puces », éléments de base des ordinateurs, des postes de télévision, des machines à laver et dans les lasers... Tous ces appareils ont vu le jour sur la base des développements de la physique quantique.

La science procède par hypothèses qu'elle s'efforce de valider et auxquelles elle renonce si l'expérience ne le démontre pas. C'est ainsi que l'existence de rayon N supposés par un physicien de Nancy a été classée pure illusion, et que la « mémoire de l'eau » n'a pas été retenue.

3. Les précurseurs

L'Homme ne vit pas seulement dans le présent : il laisse un sillon derrière lui et le trace aussi par avance dans le futur ; ce qui différencie sa pensée de celle de l'animal. L'imagination y est reine.

L'anticipation et la prévision scientifiques atteignent parfois le véritable don de visionnaire. On ne peut pas appeler autrement la faculté qui a permis à certains de faire état d'idées et de savoir qu'ils ne pouvaient pas avoir de leur temps. L'anticipation va de l'usage du postulat et de l'hypothèse, de l'art de la prévision, de la prospective, de la programmation, à la prophétie, à la fiction scientifique ou littéraire.

Tout savant anticipe dans la mesure de sa faculté créatrice : son imagination relaie souvent l'expérience et il est parfois tenté d'extrapoler irrationnellement. Mais sa discipline rationaliste lui fait considérer comme suspecte toute anticipation : il ne laisse aucune part d'imaginaire dans sa recherche. Il ne conclut

---

1. R. Thom, *Paraboles et Catastrophes*, Flammarion 1983.

qu'à partir de ce qui est réellement acquis. Il prend même plaisir à être humble dans ses conclusions et à faire ressortir son ignorance et ses doutes dans une intention critique dirigée vers ceux qui sont sujets à des emballements trop hâtifs.

Ceux qu'on appelle le « grand public » sont naturellement avides de nouveautés et épris de sensationnel. Comme les enfants aiment les contes de fée, ils aiment les belles histoires que leur raconte la science. Les découvertes, les inventions, ont transformé profondément les mentalités. Persuadé que l'impossible d'aujourd'hui deviendra possible demain, l'Homme pose continuellement des questions au savant. Qui ? Quoi ? Quand ? Comment ? Contrastant avec l'immobilité appelée sagesse qui fut systématiquement recherchée pendant le Moyen Age ou pendant des milliers d'années en Chine, notre société désormais accoutumée à la mobilité et à la nouveauté les confond avec le progrès. Confiante dans ce progrès, elle en vient à être plus étonnée et même heurtée par les limites du pouvoir de la science que par ses réalisations. Nous le constatons souvent en médecine.

Une découverte scientifique provoque généralement trois réactions successives : « Ce n'est pas vrai… », « Ce n'est pas important… », « Ce n'est pas lui, on le savait ». Presque tous les travaux de Pasteur ont subi dès leur apparition des critiques souvent ardentes. Par leur nouveauté, ils heurtaient les préjugés en cours[1]. Louis Campan[2] en a fait l'énumération parfaitement commentée : des ferments vivants et de la génération spontanée aux microbes pathogènes et aux vaccins ! « Une vérité nouvelle en science, a écrit Max Planck, le père des Quanta, n'arrive jamais à triompher en convainquant ses adversaires et en les amenant à voir la lumière, mais plutôt parce que ses adversaires finissent par mourir et qu'une nouvelle génération grandit à qui cette vérité est familière ».

En cherchant bien, on finit par trouver des précurseurs dans toute découverte ou invention. Entre les précurseurs et les créateurs, l'historien peut avoir des difficultés à reconnaître les vrais initiateurs. Le créateur reconnu est généralement celui qui formule hardiment des conclusions et en tire les conséquences. Les œuvres, les ouvrages, les monuments portent le nom de celui qui les achève. Les précurseurs ont souvent simplement émis des hypothèses, ont fait jouer leur imagination… Ils anticipent, extrapolent, parfois irrationnellement. Ils sèment des idées : ou elles meurent faute de terrain favorable, ou elles prennent racines et fleurissent. Ils sont le plus souvent des imaginatifs. Le créateur laisse peu de part à l'imaginaire et ne retient que ce qui est réellement démontré.

Une découverte scientifique peut prendre sa source dans la pratique populaire : la quinine a précédé de plusieurs siècles la découverte de l'hématozoaire responsable du paludisme par Laveran. Les vachers du Gloucester ont appris à Jenner que le *cow-pox* les mettait à l'abri de la variole ; en pratiquant la vaccine, il fut un précurseur de Louis Pasteur. Les propriétés stupéfiantes du protoxyde d'azote et de l'éther étaient connues des toxicomanes anglais et américains (*nitrous night frolics*, *ether parties*) bien avant d'être utilisées en chirurgie…

Le moment de la découverte est parfois difficile à fixer. Quels chemins mènent de la loupe et de la lunette télescopique au microscope[3], du thermomètre de Drebbe à celui de Newton, du tube de Torricelli aux baromètres de Pascal, de la trachéotomie croupale de San Severino (1610) à celle d'aujourd'hui, de la galène aux semi-conducteurs ? Qui a inventé ou découvert la poudre ? Le moine allemand Schwartz ou le moine anglais Roger Bacon ? Les Chinois, les Indiens ou

---

1. René Valéry-Radot, *Histoire d'un savant par un ignorant*, Hetzel, 1883.
2. Louis Campan, *L'Antipasteurisme*, Sci. Vet. Med. Comp. 1995, 97.
3. Galilée utilisa sa lunette comme microscope, « Grâce à ce tube, déclara-t-il en 1614 à un visiteur, j'ai vu des mouches grosses comme des agneaux »

les Arabes ? Qui a créé l'imprimerie ? L'inventeur des lettres mobiles en bois (Koster) ou l'inventeur des lettres métalliques, de la presse et d'une bonne encre (Gutenberg) ?

Certains précurseurs furent des génies polyvalents. Leur imagination était toujours en éveil. Parmi eux : Asistarque, vers 250 ans av. J.-C., aurait émis l'hypothèse de l'héliocentrisme 17 siècles avant Copernic et Galilée. Archimède (287-212) devança son temps par ses anticipations réelles ou légendaires : vis sans fin, roue dentée, théorie du levier, poulie, principe de l'hydrostatique, machines lance-pierre et miroirs incendiaires concentrant les rayons du soleil sur les vaisseaux assiégeant Syracuse, qui précèdent de vingt-cinq siècles le four solaire de Mont-Louis. La légende rapporte que c'est dans sa baignoire qu'il prit subitement conscience de la poussée de l'eau sous son corps et découvrit le fameux principe de la poussée hydraulique et clama « Euréka » (j'ai trouvé). Léonard de Vinci (1452-1519), passionné autant pour l'étude des sciences exactes : mathématiques, mécanique, optique, acoustique, cosmographie, autant pour les sciences naturelles et l'anatomie que pour les techniques et l'art, fut comme Archimède inventeur de machines. Ses carnets et ses dessins nous en découvrent des centaines réalisées ou restées à l'état de projet : machines hydrauliques, photomètre, machine à polir les miroirs, anémomètre, horloges avec automates sonnant les heures, machines volantes, hélicoptère, parachute, bateau dragueur, scaphandre, machine excavatrice, compteur d'eau, arbalète géante sur roues, canon multiple, chars de combat. Il a imaginé les divisions blindées ; dans « L'art de la guerre », on peut lire : « Je construirai des chars couverts, sûrs, à l'abri de toute attaque, lesquels, pénétrant dans les rangs ennemis avec leur artillerie, il n'est pas si grande multitude d'hommes armés qu'ils ne rompront ». Francis Bacon prédit en 1627 dans son livre *Utopie* une époque où la science serait à la portée de tous. Le télescope et le microscope étaient en usage déjà mais le téléphone et le laser qu'il imagina étaient loin d'être inventés — Jules Verne fut véritablement génial. Dans *Vingt mille lieues sous les mers* (1869), il décrit non seulement très exactement nos sous-marins mus par l'électricité, mais encore il prédit la richesse du fond de la mer. Le capitaine Nemo, commandant le Nautilus, remplit son garde-manger de végétaux et d'animaux aquatiques et sait faire produire des perles géantes par les huîtres.

L'imagination peut porter les poètes aux avant-gardes de la science. Victor Hugo, dans un des derniers poèmes de la « Légende des siècles » intitulé « Plein ciel », imagine un vaisseau spatial « construit par le chiffre et par le songe » nommé aéroscaphe, voguant d'astre en astre en apesanteur dans une ambiance où ne manque même pas l'intuition de l'espace-temps.

Depuis des millénaires, l'Homme poursuit les mêmes rêves et a les mêmes obsessions : se libérer de la pesanteur et évoluer dans les airs, aller dans les planètes, descendre dans les profondeurs de la mer, transmuter les métaux en or, conserver une éternelle jeunesse, vaincre la mort. Les ailes que, pour fuir de l'île de Crète, Icare fixa sur lui avec de la cire que le soleil fit fondre, représentent le rêve de toujours, maintenant réalisé, de l'Homme d'imiter et de dépasser l'oiseau. La baleine dans le ventre de laquelle le prophète Jonas (800 av. J.-C.) aurait vécu préfigure nos sous-marins. La pierre philosophale dotée des propriétés miraculeuses a longtemps été recherchée par les alchimistes. Le mythe de Mathusalem, les philtres de longue vie, font partie des rêves permanents de longévité et d'immortalité de l'humanité. Nombreux sont ceux qui, suivant leur folle imagination, ont eu des visions futuristes qui parfois se sont réalisées. Les avions passent le mur du son et traversent l'océan sans pilote. Les hommes ont été sur la Lune et ont posé « Viking » sur Mars. Mars mérite de conserver le nom de planète rouge, couleur qui lui a fait depuis longtemps mériter le nom de dieu de la guerre ; mais on n'y a trouvé ni les canaux sortis de la fausse interprétation de Giovanni Schiaparelli (1877) et de P. Lowell (1903), ni les petits Martiens verts des auteurs de science-fiction. Des engins lancés dans l'espace intersidéral vont observer les planètes du système solaire. Voyager II est sorti du système solaire au bout de 12 ans.

Quatre questions parmi d'autres démontrent la force de l'imagination dans les anticipations et les visions futuristes.

– *L'atomisme.* Les philosophes présocratiques sont célèbres pour leurs vues prémonitoires. La notion d'atome a été formulée pour la première fois par les philosophes de la Grèce Antique. Leurs conceptions ne procédaient pas d'observations, ni d'expériences scientifiques au sens actuel, mais d'intuitions, d'imagination. C'est ainsi qu'ils arrivèrent à l'idée selon laquelle tous les corps sont constitués par des particules légères invisibles, indivisibles. Anaxagore (500-428) aboutit par raisonnement, cinq siècles avant Jésus-Christ, à la conception géniale d'une unité infime appelée atome, quelque temps plus par Leucippe (460-357) et son disciple Démocrite (460-370), véritables précurseurs de la physique moderne. Dans le *De natura rerum*, Lucrèce (95-53) fait une grande place à la théorie atomique. L'atome ne correspond d'ailleurs pas à une unité non sécable mais à un agglomérat de particules : proton, neutron, électron, quarks...

– *L'héliocentrisme.* Trop longtemps régna l'idée du géocentrisme Platon, Aristote croyant que la Terre était le centre du monde. Pythagore, dès le VIe siècle avant Jésus-Christ, à moins que cela ne soit son disciple Philolaos, établit la théorie cosmogonique de la rondité de la Terre et de sa mouvance dans l'espace. Aristarque, vers 250 av. J.-C., aurait émis l'idée de l'héliocentrisme. La préférence fut pourtant pendant des siècles accordée à la théorie dite de Ptolémée selon laquelle la Terre, centre du monde, est immobile tandis que le soleil tourne autour d'elle et que les planètes décrivent des trajectoires compliquées appelées épicycles. Au XVe siècle encore, les hommes préféraient que la Terre soit au centre du monde. Des voix commençaient toutefois à s'élever. Un cardinal allemand, Nicolas de Cues, suggéra dans son ouvrage *De la docte ignorance* (1464) que le soleil pourrait occuper le centre du cortège des planètes dont la nôtre. Au XVIe siècle, Nicolas Copernic (1473-1543) fut très tôt convaincu de l'erreur fondamentale du système de Ptolémée mais, chanoine polonais, il attendra l'année de sa mort pour publier l'ouvrage qui l'immortalisera (*De revolutionibus orbium celestum*, 1543). Giovano Bruno (1548-1600) avança l'idée d'un univers infini et de la pluralité des mondes, ce qui le mena au bûcher. La grande révolution ne commença qu'au XVIIe siècle avec Kepler (1571-1630) et Galilée (1584-1642)... Galilée observa les satellites de Jupiter ; ce qui rendrait possible la rotation de la Lune sur la Terre.

– *Le transformisme.* Sur ce sujet, les philosophes et les savants ont longtemps laissé libre cours à leur imagination. Dans la *Notice historique* qui précède la première édition de *L'Origine des espèces*, Darwin s'est reconnu à peu près deux douzaines de précurseurs. Et il ne faisait pas remonter les prémices scientifiques de ses propres concepts sur l'évolution plus loin qu'à Buffon (1707-1788), à Lamarck (1744-1829). « Jusque tout récemment, dit-il, la plupart des naturalistes croyaient que les espèces sont des productions immuables nées spontanément. Quelques autres, au contraire, ont admis que les espèces éprouvent des modifications ».

Certains textes de l'antiquité sont plus ou moins confusément colorés de transformisme par sélection naturelle. Aristote (384-322), cet universel précurseur, aurait effleuré l'idée de gradation, voire même de compétition des êtres vivants, Épicure (341-270) et Lucrèce (95-53) celle de concurrence vitale. « Après les êtres inanimés, dit Aristote, vécurent d'abord les plantes... Des plantes aux animaux, le passage n'est point subit et brusque... » « Toutes les bêtes que tu vois respirer l'air vital, dit Lucrèce, c'est la ruse ou la force ou enfin la vitesse qui les ont sauvegardées ».

L'origine des êtres vivants n'aurait plus été remise en question jusqu'au XVIIe siècle. Toutefois on la trouve en germe dans saint Thomas d'Aquin et saint Augustin (344-430) a eu une façon assez évolutionniste d'imaginer la création. « La production des êtres vivants, écrit-il, ne fut complète dès le début que dans son principe ». Saint Grégoire de Nysse a écrit des pages auxquelles un évolutionniste actuel ne modifierait pas grand chose. En fait, le problème de la formation des espèces n'a été clairement posé qu'à partir du moment où la notion d'espèce, on ne peut plus vague jusque-là, a été définie par Jean Ray et Tournefort à la fin XVIIe.

Linné (1707-1778), qui fit un inventaire du monde vivant animal et végétal, croyait à une certaine plasticité des espèces. Il finit par se convaincre que les types spécifiques étaient capables de variations et que les lignées d'êtres se rattachaient à des types originels diversifiés par voie d'hybridation. Moreau de Maupertuis (1698-1759) — mais c'était une construction de philosophe — imaginait l'ontogénèse à partir de particules séminales préformatrices des parties organiques et porteuses de souvenirs générateurs dont l'oubli aboutissait à des variations. Un siècle avant Darwin, il écrit : « Seules ont subsisté les combinaisons heureuses, donnant pour nous aujourd'hui l'illusion d'une finalité.

Georges-Louis Lecler de Buffon (1707-1788), auteur d'une monumentale histoire naturelle, parti tout d'abord d'une position fixiste, finit par admettre les graduations d'espèce en espèce et l'action des milieux.

« Les espèces les moins parfaites, les plus délicates, les plus pesantes, les moins agissantes, les moins armées, etc. ont déjà disparu ou disparaissent ». Il y a là tous les prémices de l'évolutionnisme qui explosera au siècle suivant. Buffon est donc un des précurseurs de Lamark mais il n'eut pas l'intuition de la filiation des espèces à partir d'une souche commune.

– *Le concept de circulation sanguine* est un modèle encore plus schématique d'élaboration séculaire par accumulation d'observations, par succession de raisonnements et d'hypothèses, de dogmes, d'erreurs et de corrections d'erreurs. Son histoire ne commence pas plus à Harvey (1578-1657) que l'imprimerie ne commence à Gutenberg. Elle colle à l'histoire de la médecine tout entière. La fonction circulatoire a intrigué les médecins avant les fonctions nutritive, nerveuse et respiratoire.

La notion de circulation était, croit-on, connue en Chine dès le troisième millénaire avant notre ère. Selon Kennet Walker, le livre de médecine de l'empereur Hwang Ti (2650 av. J.-C.) contiendrait cette phrase : « Le flux du sang coule continuellement en cercle sans jamais s'arrêter ». Hippocrate n'en savait pas autant. On trouve pourtant dans « Les Épidémies » des notations dignes de Harvey. « Dans les saignées, si les garrots modérés favorisent l'évacuation du sang, les garrots trop serrés l'arrêtent ». Le maître de Cos avait compris que la fonction circulatoire est nutritive, sans comprendre qu'elle est aussi respiratoire ; pour lui, l'organe principal n'était pas le cœur mais le foie chargé de « sanguiniser » le chyle digestif et de prendre en charge ce qu'on appelait les « esprits naturels ». Selon Aristote et Érasistrate, il n'y avait pas d'autres vaisseaux sanguins que les veines ; la vacuité artérielle constatée après la mort était à leurs yeux une vérité aussi irréfutable que l'immobilité terrestre avant Copernic.

L'époque galénique est une étape. Galien (131-201) réfute la vacuité artérielle et introduit la notion d'un passage sanguin intra-cardiaque droit-gauche qu'il explique par la perméabilité septale. Du côté gauche, le sang se chargerait « d'esprits vitaux » par mélange pur et simple avec l'air, notion qui préfigure de loin l'hématose. Au dogme du vide artériel succède celui des pores septaux. Après lui, on compara la circulation sanguine au flux et reflux des marées.

Il faut attendre le treizième siècle pour qu'un médecin cariote, Ibn Nafis (1210-1288) ose affirmer anatomiquement l'étanchéité inter-cardiaque : « L'opinion de celui qui prétend que cette partie est très poreuse est archifausse » et par voie de conséquence, une autre voie de communication intercardiaque : la voie détournée transpulmonaire. Ibn Nafis est l'auteur du premier schéma de la petite circulation. Mais ses travaux, redédouverts dans les archives en 1933 (Max Meyerhoff), n'auraient eu aucune diffusion en leur temps. Trois médecins de la Renaissance : Servet, Colombo et Cesalpin vont faire progresser la connaissance de la circulation sanguine. Servet est le premier en date, et peut-être en esprit, du trio. Cet espagnol qui a commencé ses études (juridiques) à Toulouse et a fini sur le bûcher calviniste de Genève où ses convictions antitrinitaires l'avaient conduit, est un aventurier de la pensée et l'un de ces cerveaux polydisciplinaires qui ont tant œuvré en médecine. Il ignorait probablement Ibn Nafis, mais ses travaux se superposent exactement aux siens : pour lui aussi, l'existence d'un circuit sanguin cœur-poumon-cœur ne fait aucun doute car le sang rentre noir dans les poumons et sort rouge. L'anatomiste padouan Colombo, cinq ans après la mort de Servet, apporta des détails supplémentaires sur la fonction des vaisseaux de la base et des valvules. Son élève, Cesalpin, mit fin au dogme galénique du mélange direct air-sang et lui substitua la notion confuse d'échanges par promiscuité au point de rencontre des terminaisons bronchiques et vasculaires.

À la fin de la Renaissance, on connaissait donc la mécanique valvulaire et le principe de la petite circulation ; on soupçonnait de loin l'hématose ; la grande circulation restait un mystère et l'on n'avait aucune idée des jonctions artério-veineuses. Comme le disent Bariéty et Coury dans leur Histoire de la Médecine, « la solution du problème était imminente et, finalement, la découverte de la circulation sanguine par Harvey n'a donc pas été une innovation totale, ni le fruit d'une seule pensée, mais bien la synthèse lucide et définitive des notions, les unes anciennes, les autres plus récentes, demeurées jusque-là dans l'oubli ». Harvey a sans doute ignoré les travaux de Ibn Nafis et ceux de Servet, mais il a dû connaître ceux de Colombo et ceux de Cesalpin. N'avait-il pas longuement séjourné à Padoue où le souvenir de Colombo n'était pas effacé ?

*

Les inventeurs reconnus, ces chercheurs heureux, sont rarement allés droit et seuls au but. Lequel n'a pas eu des précurseurs qui avaient vu ou imaginé les mêmes choses ou des choses comparables, sans les comprendre ou se faire comprendre, et qui lui ont plus ou moins obscurément ouvert la voie ? La démarche scientifique apparaît comme une suite de calculs et d'investigations et, en même temps, comme une suite d'essais, de détours, d'emprunts et de négations, d'occasions perdues ou saisies, d'hésitations et de décisions. Le mot précurseur que nous appliquons aux hommes, par un goût exagéré de personnalisation, s'applique encore mieux aux idées.

Contrairement à l'œuvre artistique ou littéraire, l'œuvre scientifique n'est jamais finie et n'est jamais en soi totale. Les découvertes ou les inventions ne sont jamais que des pierres posées sur d'autres dans un édifice en perpétuelle construction auquel collaborent des travailleurs successifs. « Nous sommes des nains juchés sur les épaules de géants » a déclaré au XIIe siècle Bertrand de Chartres, ce que représente un vitrail de la cathédrale. En quelques décennies, l'humanité s'est instruite plus qu'au cours des millénaires.

Aveuglés par le prestige du temps présent, nous supposons que nos devanciers ignoraient nos sujets de réflexion et que les sciences physiques et biologiques datent de la veille. Les plus jeunes répètent en croyant innover.

*

Tout système de pensée a recours autant à l'imagination qu'au raisonnement. Tous les domaines scientifiques en portent témoignage, plus particulièrement ceux dans lesquels tant de progrès ont été récemment réalisés : l'astronomie et la biologie moléculaire. Dans l'infiniment grand et dans l'infiniment petit, à partir de l'observé, notre imagination prend des envols fantastiques. Le songe du poète et le rêve du savant se rencontrent. « Dans les ténèbres, l'imagination travaille plus activement qu'en pleine lumière » (E. Kant : *La Fin des choses*). « L'étendue de l'esprit et la force de l'imagination définissent le génie » (Diderot).

La métaphore rebattue qui compare l'ordinateur au cerveau est justifiée dans la mesure où l'on entend uniquement les opérations mentales logiques et rationnelles[1]. L'ordinateur obéit à la seule rationalité ; il peut suppléer aux insuffisances du cerveau humain ; il est plus rationnel, plus rigoureux et plus rapide que lui ; il peut prolonger le raisonnement, mais ne dispose pas de la faculté suprarationnelle qui est l'imagination. « L'intelligence artificielle » ignore l'amour, la haine, le plaisir, la douleur, n'a pas d'aptitude à s'adapter aux situations qui n'ont pas été prévues dans le programme, ne peut pas choisir parmi les hypothèses et faire œuvre créatrice. Le calcul de la trajectoire d'une fusée spatiale relève de l'ordinateur, mais la formulation des lois scientifiques telles que l'attraction universelle ou celle d'un simple théorème relève du cerveau. Dans la découverte scientifique, l'ordinateur est un remarquable collaborateur pour traiter les données à partir des instructions fournies, mais son utilisation inconsidérée n'est pas sans danger ; si le programme imposé à la machine est erroné, les résultats recueillis le sont. Il ne peut pas remplacer la pensée humaine et son génie créateur car il n'a pas de raisonnement, et surtout pas d'imagination.

À partir de qui sépare l'homme et la « machine », on comprend le danger qu'il y a de n'avoir du monde qu'une vue rationnelle et logique. La causalité, la finalité sont le plus souvent filles de l'imagination orientée.

---

1. Guy Lazorthes, *Le Cerveau et l'Ordinateur*, Étude comparée des structures et des performances, Privat, 1988.

Quatrième partie

L'imagination et les infinis

> « Ce n'est pas la crainte de la folie qui nous forcera à laisser en berne le drapeau de l'imagiration »
>
> André Breton

Notre connaissance s'est étendue dans le domaine de l'infiniment grand et dans celui de l'infiniment petit, mais notre propre mesure reste la même ; notre esprit, dont les capacités d'intégration sont limitées en un point du temps et de l'espace, s'accorde mal avec l'immense et avec l'infime. Ils dépassent notre entendement ; nous ne pouvons pas les comprendre, c'est-à-dire en concevoir toutes les propriétés alors même que nous avons construit des appareils qui prolongent nos organes sensoriels du côté du plus grand comme du plus petit et que nous mettons en œuvre toutes les ressources de notre raison et de notre imagination. L'abord de l'infini est révélateur du conflit des facultés : raison et imagination.

Fénelon[1] distinguait les mots concevoir et comprendre : concevoir un objet, c'est en avoir une connaissance qui suffit pour le distinguer de tout autre objet sans pour autant en connaître toutes les propriétés. Comprendre signifie connaître directement et avec évidence toutes les propriétés de l'objet. R. Descartes[2] déclarait absurde et inconsidéré de vouloir porter un jugement sur des choses à la perception desquelles notre esprit ne saurait atteindre. Les chercheurs n'en sont pas pour cela arrêtés ; ils abordent les sciences de l'infiniment grand et de l'infiniment petit avec des appareils et des techniques de plus en plus puissants ; ils avancent au plus loin par raisonnement et formulent ensuite des hypothèses nourries d'imagination. Qu'est-ce que l'espace ? Qu'est-ce que le temps ? Qu'est-ce que la vie ? La faculté qui depuis toujours a induit des réponses est indubitablement l'imagination.

*

Être éphémère, fragile, perdu sur une minuscule boule dans l'immensité de l'Univers, l'homme a souvent exprimé son angoisse. Les efforts de sa pensée sont vains pour intégrer les notions d'infini de l'espace, du temps et des nombres : « Le silence éternel des espaces infinis m'effraie », pensée bien connue de Pascal (1623-1662)… qui dit encore « qu'est-ce que l'homme dans la nature ? Un néant à l'égard de l'infini, un tout à l'égard du néant… également incapable de voir le néant d'où il est tiré et l'infini où il est englouti ». D'autres, après Pascal, ont exprimé leur angoisse liée à la vie dans un monde sans limites. « Et toi divine mort où tout rentre et s'efface… Délivre-nous du temps, du nombre et de l'espace… Et rends-nous ce repos que la vie a troublé[3] » (Leconte de l'Isle, 1818-1894). « L'univers est non seulement plus étrange qu'on ne l'imagine, mais aussi plus étrange qu'on ne peut l'imaginer » (B. S. Haldane). L'espace et le temps sont « nos plus cruels tyrans ». Ils figurent l'Infini qui nous environne et que nous ne pouvons comprendre, puisque nous pouvons toujours imaginer un « après » et un « plus loin[4] » (M. de Unamuno, 1864-1936)…

---

1. F. Fénelon, *Traité de l'existence de Dieu.*
2. R. Descartes, *Lettre à Thomas More*, 5 février 1649.
3. Leconte de Lisle, *Poèmes tragiques*, 1884.
4. M. de Unamuno, *Le Sentiment tragique de la vie,* 1912.

Les premiers hommes durent penser et agir à partir d'informations incomplètes et approximatives puisqu'elles leur étaient fournies uniquement par leurs sens et par leur cerveau ; ils n'avaient ni le savoir engrangé au cours des siècles, ni les techniques d'exploration et de calcul dont nous disposons. Leur conception de l'espace était fausse, car ils s'en tenaient à ce qu'ils voyaient ; elle était tout imaginative, lyrique ou métaphysique. Ils croyaient que la terre était au centre de l'Univers et qu'elle était un petit disque plat flottant dans l'espace et à deux dimensions : celles de la surface des continents et des océans. Ils s'y déplaçaient lentement et rarement très loin. Ils la peuplaient d'esprits divins et de monstres. Leur conception du temps n'était pas meilleure ; jusqu'au début du XVIIIe siècle, ils croyaient que la création datait de quelques milliers d'années. Pascal parle dans ses *Pensées* de 6 000 ans. À la fin du XIXe siècle encore, l'ancienneté du monde admise atteignait 40 millions d'années ! alors qu'elle se chiffre par milliards. L'idée d'infini fut longtemps un véritable tabou, car le monde était considéré comme fermé ; Descartes n'emploie jamais le mot ; quand il parle de l'espace, il le dit indéfini ; pour lui, Dieu seul est infini.

Les idées sur le temps et sur l'espace ont été bouleversées à partir du moment où l'on a connu la place de la Terre dans le système solaire, celle de ce système dans une galaxie, celle de notre galaxie parmi les milliards de galaxies. Bouleversées aussi à partir du moment où l'on a su que la naissance de l'humanité, qui date de deux à trois millions d'années, est le résultat d'une longue évolution animale, et non une création *ab nihilo*, sur une Terre vieille de 4,6 milliards d'années, dans un Univers dont l'ancienneté est approximativement 15 milliards d'années.

Dès notre enfance, nous recevons une empreinte. L'espace est pour nous quelque chose qui est limité par la mer, par des frontières... et non par un horizon. Nous concevons mal l'immensité du monde, connu ou deviné. Le temps est pour nous quelque chose de fragmenté, et non un écoulement. Nous ne pouvons saisir que des durées relativement brèves correspondant à l'histoire humaine, aux quelques générations qui nous précèdent, à notre vie écoulée ; les intervalles de temps plus longs n'ont sur nous aucun impact psychique ou émotionnel. Même aux confins de l'infiniment petit et de l'infiniment grand, des particules de l'atome aux lointaines galaxies, nous classons tout dans le fini, dans le mesurable.

Entre la connaissance sensible et intelligible et la connaissance scientifique, il y a une véritable rupture. Les mécanismes de notre pensée ont un sérieux handicap par rapport aux instruments de précision. Habitués à faire des raisonnements sur les êtres et sur les choses à une petite échelle, nous sommes dépassés dans le monde de la macrophysique comme dans celui de la microphysique.

La Révolution française a mis fin au désordre des mesures en adoptant le système métrique. Les pays du monde entier ont besoin d'un langage commun : le Système International (SI), qui est issu du système métrique... Mais toutes les mesures ne sont pas dans le SI : le degré, le litre, la tonne, le mille marin, les carats (pierres précieuses), la taille des vêtements, des chaussures... Pour mesurer le très grand et le très petit, distance Terre-Lune ou taille d'un virus, le mètre ne suffit plus. La distance se calcule en années-lumière (1 année-lumière = la distance parcourue par la lumière, soit 300 000 kilomètres par seconde et en un an, environ 9 461 000 000 000 km). Pour mesurer les distances énormes, on utilise le rayon laser, temps écoulé entre le moment où la lumière est émise et celui où elle revient. La distance Terre-Lune est de 384 404 km. Les mesures les plus petites sont réservées aux particules élémentaires atomiques invisibles même avec des appareils de grossissement les plus puissants. Leurs dimensions sont déduites de résultats d'expériences pratiquées dans des accélérateurs de particules. Le micron est mille fois plus petit que le millimètre. Le millimicron mille fois plus petit que le micron et l'angström dix fois plus petit que le millicron. Quant au temps après la seconde vient la nanoseconde qui est le milliardième de seconde et la picoseconde un million de million de fois plus petite.

Ces nombres qui mesurent l'infiniment grand et l'infiniment petit ne correspondent à aucune réalité de notre vie. Les infinis de l'espace, du temps et des nombres, représentent un formidable défi à notre raison et à notre imagination, ils sont au-delà... ils sont inimaginables.

Le réel microphysique et le réel astrophysique sont à ce point différents du monde dans lequel nous vivons et dont notre langage est l'expression qu'on doit pour parler recourir aux métaphores et aux analogies... avec toutefois cette particularité que l'on n'a aucune expérience des réalités microphysique ou macrophysique ainsi métaphoriquement désignées : ondes ou particules, et qu'il faut ensuite adapter, concilier à la symbolisation du réel, la technicité. Aux frontières de la physique, le danger est d'être tenté par l'irrationalisme. L'inconnu comme le connu obéissent certainement à des lois. L'Univers nous échappe mais ayons la conviction qu'il est rationnel, a déclaré W. Leibnitz dans *Le Discours de métaphysique* (1685).

I - L'INFINI DE L'ESPACE

L'espace est partout, au-dessus, au-dessous, dans toutes les directions. L'espace est infini car, s'il était fini, il existerait une clôture qui le limiterait et derrière cette clôture il n'y aurait rien... : le néant ; mais qu'est-ce que le néant ? Notre imagination est tellement dépassée !

L'espace est l'extérieur et en même temps il est notre intérieur. Il est organisé selon des lois spécifiques. Il est constitué dans sa quasi totalité par du vide de l'infiniment grand à l'infiniment petit ; l'espace qui sépare une planète de son soleil est incroyablement vaste, et toutes proportions gardées, cette immensité se retrouve dans l'infiniment petit de la structure atomique. Quand on parle de l'espace, les adjectifs grand et petit sont dénués de sens. Impuissance des mots et de l'imagination qui doit renoncer,

Galilée en 1609 pointa sa lunette rudimentaire vers une longue bande blanchâtre que les hommes de l'Antiquité appelaient le cercle « laiteux » et aperçut ce qu'aucun œil humain n'avait vu avant lui : la Voie lactée est « une masse innombrable d'étoiles ». Le grossissement de sa lunette (33 fois) lui permit d'observer quatre des lunes de Jupiter et les phases de Vénus.

Moins d'un siècle plus tard, Antonio Van Leeuwenhock découvrit au travers d'un instrument de sa fabrication fait de verre et de métal le monde de l'infiniment petit : une goutte d'eau, grouillant d'organismes vivants.

Des télescopes et des microscopes de plus en plus puissants ont étendu notre connaissance de plus en plus loin dans l'immense et dans l'infime, sans jamais en atteindre les bornes. Les astrophysiciens découvriront probablement grâce au télescope spatial un univers par rapport auquel ce que nous savons n'est rien. Une grande partie de la masse de l'Univers restera encore inaccessible à nos instruments. Les microphysiciens cassent la matière dans l'espoir de trouver de nouvelles particules après la molécule, après l'atome formé d'un noyau entouré d'électrons et constitué par un ou plusieurs nucléons (protons et neutrons), nucléons eux-mêmes constitués de quarks et de leptons. Les quarks et les leptons représentent-ils l'ultime particule de la matière, les constituants élémentaires du jeu de poupée russe qui se poursuit jusqu'aux molécules et au-delà jusqu'à l'Univers tout entier ? Chaque découverte fait surgir de nouvelles questions.

1. L'infiniment grand

L'Homme a appris qu'il n'était pas au centre de l'Univers mais dans un point de la périphérie d'une galaxie spirale ; la Voie lactée, bande lumineuse que l'on peut voir dans le ciel par nuit noire, sans lune et par temps clair. Certains points de la Voie lactée sont faits d'agrégats stellaires. Le système solaire comme les autres tourne autour du centre galactique. La vitesse de rotation du soleil serait d'environ 230 kilomètres par seconde... il effectuerait ainsi une révolution complète en 250 millions d'années. La distance du soleil au centre de la galaxie est estimée à environ 30 000 années-lumière, soit 8 500 parsecs. Le parsec, nouvelle unité de mesure, vaut approximativement 3,26 années de lumière (symbole : al).

Il y a approximativement 100 milliards de soleils comme le nôtre dans notre seule galaxie et on peut apercevoir au télescope plusieurs milliards de galaxies. Les galaxies sont les cellules de base dont est formé notre Univers. Ce sont des collections d'étoiles contenant plusieurs centaines de milliards d'astres de dimensions, de luminosités, de couleurs diverses. La forme spirale est la plus répandue. Toutes ces galaxies ou nébuleuses spirales, tous ces astres innombrables courent vers des buts inconnus, à des vitesses atteignant jusqu'à 1 000 kilomètres à la seconde, se soutenant les uns les autres par la force de la gravitation universelle, déversant sur l'Univers des flots fantastiques de chaleur, de lumière, d'électricité, de magnétisme.

Laissons voler notre imagination : à la vitesse de la lumière, c'est-à-dire 300 000 km/sec., il faudrait à peine plus d'une seconde pour atteindre la lune, 8 mn le soleil et quelques heures, un jour peut-être, pour sortir du système solaire[1]. Au-delà, c'est le vide interstellaire. Il faudrait des années à notre fusée imaginaire pour atteindre les premières étoiles. Chaque étoile que l'on voit dans le ciel constitue potentiellement un autre système solaire mais personne n'est encore capable de dire si ces soleils ont des planètes. L'étoile la plus proche de nous « *Proxima Centauri* » est à trois années-lumière de notre système solaire, Sirius est à huit... Pendant cent mille ans et plus, notre engin traverserait notre galaxie qui a la forme d'une immense disque de cent milliards d'étoiles comparables à notre Soleil, de toutes couleurs, de toutes tailles. Sortis de notre galaxie, nous arriverions dans un vide immense et des centaines de milliers d'années après, nous pourrions atteindre les galaxies les plus proches de la nôtre : les nuages de Magellan et d'Andromède. D'autres amas de galaxies fort nombreux comme l'amas Virgo sont à quelques 50 millions d'années de lumière... et ainsi des dizaines de milliers de galaxies et des milliards de milliards d'étoiles et de planètes... Notre exploration est arrêtée par les possibilités de nos instruments. L'univers est exploré actuellement jusqu'à des distances de l'ordre de dix milliards d'années de lumière. On espère que le télescope spatial permettra de remonter le temps jusqu'aux environs des 15 milliards d'années de lumière... qui correspondent à l'ancienneté supposée de l'Univers.

Mais revenons sur notre planète. La Terre s'est réduite à la mesure de nos moyens de déplacement. L'océan atlantique est franchi en trois heures par le Concorde, alors que la traversée de Christophe Colomb dura trois mois. La conquête de l'énergie a permis à l'Homme d'étendre sa maîtrise à une troisième dimension : la hauteur, grâce aux avions, aux fusées, aux sous-marins. La Lune est passée dans le domaine exploré par l'Homme. Mars, Vénus, Jupiter... sont dans celui de l'exploration par sondes qui transmettent informations et photos et à

---

1. J.-Cl. Pecker, *L'Univers en 1979*, Ac. des Sciences Morales et Politiques, 19 février 1979.

qui on donne des ordres à des centaines de millions de kilomètres. Le contrôle de ces engins échappe aux capacités humaines. Des machines robots remplacent le travail purement musculaire ; d'autres machines électroniques remplacent au moins partiellement le travail jusqu'ici effectué par le cerveau de l'homme et lui permettent d'aller au-delà.

Nous observons des étoiles dont la lumière a mis des millions d'années lumière (al) pour nous parvenir. Elles peuvent avoir disparu depuis, mais nous ne le constaterons que lorsque l'information nous en parviendra à la vitesse de la lumière après avoir franchi temps et espace. L'image qui nous est offerte par le ciel est celle du passé. Ce continuum espace-temps indissociable est exprimé dans la théorie de la relativité restreinte d'Einstein (1905) qu'il devait compléter par la théorie de la relativité générale (1916[1]). Selon cette hypothèse, on ne peut admettre aucune définition indépendante de l'espace et du temps ; entre eux, existe un lien étroit. L'assimilation du temps à une quatrième dimension de l'Univers — et non pas de l'espace comme on a souvent grand tort de le dire — s'ajoutant aux trois dimensions de l'espace, aboutit à le supprimer. Le temps est indiscernable de l'espace si l'espace ne se modifie pas ; ce que nous appelons le temps est la conscience de la modification de l'espace. Lorsque la matière se déplace à une vitesse approchant celle de la lumière, le temps et ses effets (tel le vieillissement) ralentissent ; si la vitesse de la lumière était atteinte, le temps s'arrêterait. Supposer qu'un jour on puisse explorer les confins de l'espace au cours d'une vie tandis que des millénaires s'écouleraient sur la Terre dépasse notre imagination.

2. L'infiniment petit

L'infiniment petit est un monde aussi fascinant. Van Leeuwenhoek observait tout ce qu'il parvenait à placer sous sa lentille. Un jour, il prit un peu de sa salive et l'examina au microscope. À sa grande surprise, il vit « de très nombreux animalcules (animaux microscopiques) en mouvement ». Plus tard, il eut ces mots : « Qui dirait qu'il y a plus d'animaux vivants dans une bouche qu'il n'y a d'hommes dans tout un royaume » ?

Les scientifiques qui scrutent ce monde caché ont fait des découvertes qui auraient laissé pantois ce chercheur néerlandais. Aujourd'hui, ils peuvent voir par exemple qu'une seule goutte de sang peut contenir 35 millions de globules rouges. Chacun des globules peut contenir à son tour plus de 280 millions de molécules d'hémoglobine et 10 000 atomes composent une seule molécule d'hémoglobine.

Des microorganismes engendrent la maladie et la mort. D'autres sont installés dans le tube digestif. L'estomac d'une vache contient des milliards et des milliards de micro-organismes qui lui permettent de digérer le fourrage et de produire du lait. Les nombreuses bactéries de l'intestin peuvent synthétiser les principales vitamines. Des microorganismes sont étonnamment complexes ; certains possèdent un flagellum ou fouet vibratile.

Les instruments conçus par Van Leeuwenhoek pouvaient assurer un grossissement de 250, voire plus, ce qui constituait déjà un résultat exceptionnel. Aujourd'hui, les microscopes optiques assurent un grossissement voisin de 1 000. L'année 1931 vit l'invention du microscope électronique. La projection d'un faisceau d'électrons sur un objet permet de produire une image visible sur laquelle le grossissement de l'objet peut atteindre un million. L'instrument associe les tech-

---

1. A. Einstein, *Fondements de la théorie de la relativité restreinte et généralisée*, 1916.

niques du microscope optique, de la caméra de télévision et de l'informatique ; il autorise désormais à observer l'activité biologique des cellules vivantes.

Les télescopes et les microscopes ont donné à l'homme un extraordinaire pouvoir de pénétration sur le monde et sur l'univers. Nos extrapolations excèdent les capacités de notre raison ; elles sont d'un domaine surrationnel, mais ne sauraient être irrationnelles.

II - L'INFINI DU TEMPS

Ni les philosophes, ni les scientifiques ne peuvent donner une définition simple et définitive du temps. « Qu'est-ce que le temps ? Si personne ne me le demande, je le sais ; si je veux l'expliquer à qui me le demande, je ne le sais pas ». *Quid est tempus ? Si nemo a me quaerat, scio ; si quaerenti explicare velum nescio*[1]. « Les leçons sur le temps » de Husserl[2] commencent par : « Ce qu'est le temps, nous le savons tous ; c'est ce qu'il y a de mieux connu au monde... mais dès que nous cherchons pourtant à en rendre raison... nous nous perdons dans les difficultés, les contradictions, les labyrinthes les plus étranges ». Rendre raison, c'est rendre compréhensible.

Les Grecs faisaient du temps une divinité appelée Chronos. Les anciens personnifiaient le temps sous l'aspect d'un vieillard ailé portant une faux et un sablier, symboles l'une de la puissance destructrice, l'autre de l'écoulement continuel et irréversible des ans.

Le temps est un cadre familier primordial pour l'Homme. À la différence de l'animal qui vit seulement dans le présent, il porte le passé dans ses traditions, ses coutumes, son savoir et son expérience accumulée et il vit en partie son futur en le programmant. Il constate le caractère insaisissable du temps, ressent l'angoisse de ne pouvoir en arrêter le cours. « O Temps ! suspends ton vol[3]... » Par chance, s'il connaît l'échéance, il n'en sait pas l'heure. *Mors certa, hora incerta*[4].

Les quelques décennies de la vie de l'homme, les six mille ans de l'histoire humaine sont à la mesure de notre esprit. Les deux à trois millions d'années écoulées depuis la naissance de l'humanité nous sont plus difficilement concevables. Les cinq cent millions d'années de l'apparition des Vertébrés ne le sont plus. Les milliards d'années du système solaire ou de l'Univers... nous n'en approchons l'intégration mentale ni par la raison, ni par l'imagination ; c'est inimaginable au sens absolu du terme.

On a coutume de distinguer : 1) Le temps biologique. 2) Le temps psychologique. 3) Le temps cosmique. 4) Le temps atomique.

1. Le temps biologique

Le temps biologique s'inscrit dans les tissus. La notion de temps est certainement différente pour un éphémère qui vit 24 heures, pour un chien qui vit 15 ans, pour un homme qui vit 90 ans. Chaque espèce voit son propre temps à travers l'étroite fenêtre de son propre système sensoriel. Le temps a chez un être un début et une fin comme cet être ; il se dilate ou se rétracte en fonction de ses états physiologiques et psychologiques ; il le modifie sans cesse de la naissance à la mort et s'inscrit en lui, alors que le temps physique passe sans l'impressionner.

---

1. Saint Augustin, *Les Confessions,* Livre XI, Chap VI et XVIII.
2. E. Husserl, *Leçons sur une phénoménologie de la conscience intime du temps*, Trad. G. Granel, PUF, coll. « Epiméthée », 1964.
3. R. Lamartine, *Le Lac, Les Méditations.* 1820.
4. V. Jankélévitch, *La Mort,* Flammarion, 1977.

A. Carrel a écrit : « Le temps physique est comme un grand fleuve qui coule dans la plaine. À l'aube de sa journée, l'homme marche allègrement le long de la rive. Et les eaux lui semblent paresseuses. Mais elles accélèrent peu à peu leur course. Vers midi, elles ne se laissent plus dépasser par l'homme. Quand la nuit approche, elles augmentent encore leur vitesse. Et l'homme s'arrête pour toujours tandis que le fleuve continue inexorablement sa course. En réalité, le fleuve n'a jamais changé de vitesse. Mais la rapidité de notre marche diminue ».

A. Carrel a en 1914 cherché à établir une unité de mesure du temps biologique par l'étude de la vitesse de cicatrisation des plaies. Un enfant cicatrise par exemple une surface cutanée donnée en dix jours tandis qu'un adulte cicatrise la même surface en quarante jours ; puisque les deux organismes ont effectué le même travail, on peut dire que dix jours de l'enfant équivalent à 40 jours de l'adulte et que, pour ce dernier, le temps s'est écoulé quatre fois plus vite... Lecomte du Nouy, qui travaillait avec A. Carrel, a traité cette question dans plusieurs de ses ouvrages[1].

Le temps biologique est rythmé par des phénomènes périodiques. Il est cyclique et non linéaire. La plupart des organismes, végétaux, animaux, hommes, ont leur temps réglé par de véritables horloges biologiques. La chronobiologie[2] est la science des rythmes biologiques, c'est-à-dire de l'organisation de la vie dans le temps. Les rythmes quotidiens sont appelés circadiens[3] : veille et sommeil, faim et digestion, température, sécrétion hormonale... Un animal qui s'enfouit dans le sable au moment des marées conserve la même habitude aux mêmes heures quand il est prisonnier dans un aquarium. Des volontaires confinés dans des cavernes et privés des indices extérieurs conservent un sens du temps très exact ; après plusieurs semaines, leur erreur d'appréciation ne dépasse pas 20 %. D'autres horloges biologiques ont un rythme mensuel (telles sont les menstruations), et d'autres un rythme saisonnier ou annuel. Un certain nombre de phénomènes cycliques endocriniens ont un déclenchement qui s'effectue plusieurs années après la naissance : puberté, métamorphose, ménopause ; ils nous sont peu compréhensibles. L'épiphyse, organe encore énigmatique, jouerait un rôle dans ce mécanisme d'enregistrement du temps ; sa situation au sommet du crâne chez les Amphibiens, les Reptiles, les Oiseaux, permet de supposer qu'elle reçoit directement les rayons lumineux à travers l'ossature crânienne translucide et qu'elle a une fonction photoréceptrice. Chez les Mammifères, chez l'Homme, refoulé en profondeur par le développement de l'encéphale, cet organe neuroglandulaire garde une fonction chronobiologique.

Des facteurs exogènes et en particulier cosmologiques : variations de lumière, de température, de pression, de gravité, de champ électromagnétique, interviennent dans certaines fonctions vitales. Une synchronisation héréditaire de l'espèce humaine au temps cosmique s'est probablement constituée au cours des générations successives animales, préhominiennes, hominiennes.

Les rythmes biologiques jouent un rôle chez tous les êtres vivants : végétaux, animaux, homme ; les implications pratiques de ces phénomènes sont multiples. En agronomie, le calendrier a toujours été un guide essentiel pour les agriculteurs. En médecine, on observe les manifestations rythmées de certaines maladies et les variations périodiques de l'efficacité des médicaments et de la

---

1. Lecomte du Nouy, *Le Temps et la Vie*, Gallimard, 1936, *L'Homme et sa destinée*, La Colombe, 1948.
2. A. Reinberg, *Les Rythmes biologiques*, PUF, Paris, 1964 - F. Halberg, « Revue Physiol », 1969, 31, 375.
3. Circadien, mot construit à partir du latin *dies* : jour et de l'allemand *zirka* : à peu près, auquel on a assimilé le latin *circum* : à proximité, environ.

toxicité des poisons. La rythmologie embrasse tous les niveaux d'organisation de la vie de l'échelle des molécules à celle des phénomènes psychologiques ou encore à celle des populations végétales ou animales.

2. Le temps psychologique

Le temps psychologique est propre à chaque individu ; il commence avec lui, s'écoule plus ou moins vite et finit avec sa mort. Notre appréciation subjective de la durée du temps est troublée par des conditions intérieures ou extérieures qui l'accélèrent ou le ralentissent.

« On ne peut concevoir un temps sans se le représenter perçu et vécu. Durée implique donc conscience et nous mettons la conscience au fond des choses par cela même que nous leur attribuons un temps qui dure »... « C'est nous qui passons quand nous disons que le temps passe »... « Nous ne pensons pas le temps réel ; mais nous le vivons » (H. Bergson[1]).

Le temps subjectif d'un vieillard et celui d'un homme jeune suivent deux trajectoires qui s'inversent. Les jeunes ont un passé limité et croient leur avenir illimité. Les sujets âgés voient la première perspective s'allonger et la seconde s'amenuiser jour après jour. Ces deux courbes expliquent l'évolution respective des caractères et des réactions psychiques et affectives.

A. Carrel et Lecomte du Nouy ont donné une forme mathématique à l'impression, souvent constatée et exprimée, que l'unité de mesure se contracte au fur et à mesure que nous vieillissons. Plus nous vieillissons, plus les années nous semblent courtes ; si pour un homme de 50 ans l'année s'écoule quatre fois plus vite que pour un enfant de 10 ans, n'est-ce pas parce que, pour l'enfant, l'année est le dixième de sa vie tandis que pour l'homme elle en est la cinquantième partie ? À supposer qu'on vive jusqu'à 80 ans, l'homme de 40 ans ne peut pas dire qu'il est à la moitié de sa vie car les deuxièmes quarante années passent beaucoup plus vite que les premières.

On peut aussi constater qu'il se passe plus de choses dans l'année vécue par un enfant ou par un homme actif que dans celle du vieillard dont le programme quotidien est souvent répétitif du lever au coucher ; le temps paraît s'écouler plus rapidement lorsque tous les jours se ressemblent et inversement.

– L'enfant n'accède pas immédiatement à la notion de temps, Piaget l'a bien montré. Il juge les durées à partir d'informations partielles : la quantité de travail accompli, la difficulté de la tâche. Si l'on fait comparer à des enfants de 5 ans « deux durées successives égales, l'une remplie de la présentation de 8 vues projetées pendant 4 secondes, l'autre de 16 vues projetées pendant 2 secondes, les enfants jugent le plus souvent en fonction du nombre de vues présentes : plus de vues = plus de temps. Vingt-cinq pour cent d'entre eux seulement jugent à partir de la durée plus longue de chaque présentation.

– Une même durée de temps paraît longue ou courte selon la densité des stimulations et l'intérêt qu'on leur porte. Lent à s'écouler au cours des tristes journées dont parle Baudelaire, le temps devient rapide au cours du plaisir et de l'excitation physique ou intellectuelle. La perception de l'unité de temps est proportionnelle à la quantité des informations perçues par le cerveau. Si leur entrée est ralentie, il en est traité moins par unité de temps ; si elle est accélérée, il en est traité plus ; les périodes pendant lesquelles leur nombre diminue, comme pendant le sommeil ou l'isolement et la privation sensorielle, paraissent longues ; celles où elles sont denses paraissent au contraire s'écouler vite pour un même

---

1. H. Bergson, *L'Évolution créatrice*, Paris, 1907 ; *Durée et Simultanéité*, Paris, 1922.

temps d'horloge (R. E. Ornstein[1]). Un spectacle paraît plus court à des initiés qui intègrent les scènes et les prévoient qu'à des néophytes ; un trajet devenu familier paraît plus court que lorsqu'il fut suivi pour la première fois ; un travail intéressant paraît plus court qu'une tâche fastidieuse. Parcourir 80 km en 1 heure paraît plus long que 50 km parcourus dans le même temps parce que l'on a été 30 km plus loin et que la mémoire a davantage enregistré. Une semaine passée à voyager, à vivre en dehors de la routine, à observer des paysages nouveaux, à visiter des villes inconnues et à rencontrer des personnes inhabituelles paraît plus longue que celle passée dans son cadre quotidien.

– Notre époque a modifié la conception du temps. Jusqu'au siècle dernier, l'homme avait une vie accordée aux éléments et aux saisons ; le temps ne comptait pas pour lui ; entre une pensée et une action, il prenait le temps de réfléchir, de choisir. Aujourd'hui, la succession des événements diminue ou supprime la préparation, l'adaptation, la réflexion. Il faut « gagner du temps ». La multiplication des activités a graduellement rogné les pauses et les moments de détente. Cette précipitation tue la personnalité et « robotise » l'homme. Notre époque a pourtant gagné sur le temps à vivre en durée et en qualité. À la fin du siècle dernier, une femme de 40 ans, un homme de 50 étaient finis ; ils changeaient leurs façons de s'habiller et leur comportement en société, car il était convenu qu'il devait en être ainsi. Aujourd'hui, à part exception, ils continuent jusqu'à 80 ans et souvent au-delà à mener une vie active. Le défaut d'activités physique, psychique et sexuelle, accélère le processus de vieillissement.

L'homme a créé des outils, des machines, pour réduire la durée du travail, pour gagner du temps. Il a construit des moyens de transport de plus en plus rapides pour aller d'un point à un autre du monde, pour lutter contre le temps. Auto, avion, radio, ordinateur, appareil électroménager, sont autant de moyens de le vaincre en réduisant le temps consacré au travail et en augmentant celui du repos, des loisirs et de la réflexion.

– La perception du temps varie d'un individu à l'autre. Certains ont toujours le temps ; par absence d'ordre et de méthode, ils traînent chaque jour le même retard aux dépens de ceux qui sont exacts. Ils se déclarent débordés, mais quand on suit leur emploi du temps, on observe qu'ils en perdent dès le réveil. Ce sont toujours les mêmes qui arrivent alors que la réunion est commencée ; ils font partie des « voleurs de temps » rencontrés tous les jours : coups de téléphone inutiles, longues conversations sur leurs problèmes. D'autres connaissent la valeur du temps, ils l'organisent, le gèrent, évitent de le gaspiller et de le faire perdre aux autres. Les « gens du Sud » ont généralement moins de rigueur que ceux du Nord. Le partage du temps en durées égales est impossible à certains. P. Montel raconte qu'un de ses amis qui habitait la Côte d'Ivoire avait à son service un indigène qui savait compter mais non lire l'heure. Il eut l'idée d'utiliser comme unité le temps nécessaire pour fumer une pipe. Pour lui faire préparer un pot-au-feu, il lui disait : « Tu mettras de l'eau à chauffer et tu fumeras tant de pipes, ensuite, tu mettras la viande et fumeras tant de pipes, puis les légumes, etc. »

3. Le temps cosmique[2]

Nos vies ne sont que des secondes par rapport à l'horloge cosmique. Le temps physique calculé en milliards d'années de lumière nous est inconcevable, même avec le plus grand effort d'imagination ; il est infini et immortel. Il s'écoule à une

---

R. E. Ornstein, *On the Experience of Time*. Hardmondsworth, Middlesex, Penguin Publications Limited, 1969.
2. Le mot « cosmos » veut dire : ordre... ce qui signifie régi par des principes constants.

vitesse uniforme, invariable, rythmé par des phénomènes cosmiques périodiques tels que la rotation de la Terre ou celle du Soleil ou de la galaxie. Il est le même pour tous ; c'est le temps non vécu.

La cosmologie d'aujourd'hui admet généralement que l'univers est en expansion, que l'espace se dilate comme un grand ballon ; cette théorie sous-entend que l'expansion se fait à partir d'un point et d'un temps zéro correspondant à une gigantesque explosion. L'hypothèse en a été émise par le chanoine G. H. Lemaître en 1927 et reprise par G. A. Gamow. La théorie de la grande explosion initiale Big-Bang des auteurs anglo-américains, à partir de laquelle les développements ultérieurs de la matière des atomes complexes aux galaxies auraient été prédéterminés, s'insère parfaitement dans une vision créationniste de l'Univers. En 1951, dans un discours célèbre, le Pape Pie XII déclara voir dans l'expansion de l'Univers la preuve du *fiat lux* originel.

En 1928, Edwin P. Hubble fournit une confirmation de la théorie de l'expansion de l'univers : grâce à la spectrographie, il constata que le spectre d'émission des galaxies est décalé vers le rouge, et ce d'autant plus que la galaxie est plus lointaine. Or le seul phénomène physique connu capable de décaler un spectre d'émission de cette façon est l'effet Doppler-Fizeau qui associe l'augmentation de longueur d'onde à une vitesse de fuite de la source de lumière par rapport à l'observateur : si la source lumineuse s'approche de nous, la fréquence d'ondes s'élève et les raies du spectre sont décalées vers le côté violet ; si au contraire la lumière s'éloigne, la fréquence d'ondes baisse et le décalage des raies se fait vers le rouge. Les astres dont le spectre est le plus décalé vers le rouge seraient à une distance d'environ 17 milliards d'années de lumière, ce qui correspond au temps qu'il a fallu à la lumière, à la vitesse de 300 000 km/s, pour nous parvenir depuis l'instant de l'explosion originelle. Ce serait au minimum l'âge de l'Univers et ce que les astrophysiciens appellent « l'horizon cosmologique », c'est-à-dire en quelque sorte le bout de l'univers ou la limite au-delà de laquelle plus rien n'est visible. Certains pensent que la relation de Hubble n'est pas une loi rigoureuse ; des décalages spectreux seraient dus à une autre cause que l'effet Doppler et mesureraient toute autre chose qu'une vitesse… ! La grande explosion initiale n'est probablement pas la seule selon Cl. Pecker.

4. Le temps atomique

Avant les méthodes scientifiques de datation, il était impossible au préhistorien de percer l'obscurité des siècles qui précédaient l'histoire écrite. L'imagination s'y perdait.

La mesure du temps par la désintégration atomique a constitué un événement car, pour la première fois, le préhistorien a pu dater ses fouilles avec précision. Willard F. Libby annonça le premier, en 1949, la possibilité de dater les substances organiques par le radiocarbone 14. Dans un élément radioactif, le radium par exemple, le noyau se désintègre en un temps donné. La désintégration d'un radionucléide (père) produit un isotope stable (fils) dont l'accumulation se fait au prorata du temps. Le dosage du nombre de fils produits comparé avec l'abondance du radionucléide parent encore présent au temps t permet de déduire l'âge de la cristallisation à condition de connaître le rapport d'abondance initial entre père et fils. Il existe une probabilité mesurée en heures, en jours, en années, pour que ce phénomène se produise. La désintégration lente et constante de certains isotopes radioactifs constitue une véritable horloge ; on peut la mesurer.

Le carbone 14, isotope instable du carbone 12, est absorbé par les plantes et transmis aux êtres. Après la mort, le stock de carbone 14 ne se renouvelle pas et se décompose pour moitié tous les 5 568 ans. En mesurant le taux de carbone 14, on peut déterminer l'âge des fossiles : plus l'échantillon est ancien, moins il recèle de l'isotope instable. La méthode du carbone 14 donne la possibilité de remonter environ jusqu'à 100 000 ans. Pour les périodes très anciennes, on utilise d'autres couples radioactifs comme le potassium-argon ou l'uranium-thorium, dont les transformations sont beaucoup plus lentes (1,3 milliard d'années pour le potassium). Les mesures ainsi effectuées souvent précises ne sont jamais parfaites et s'accompagnent d'une marge d'erreur d'environ 5 %. Leur précision peut, en effet, varier en fonction de la quantité et de l'état de l'échantillon analysé qui a pu être altéré ou remanié. L'âge du système solaire et donc de la Terre a été estimé à 4,6 milliards d'années, car pas une roche de la Terre, de la Lune ou des météorites ne dépasse cet âge.

La définition astronomique de la seconde a été abandonnée en 1967 pour adopter une définition fondée sur une fréquence atomique. Les atomes vibrent de façon régulière : on compte les vibrations, du quartz par exemple, 65 536 par seconde. Le Temps Atomique International (TAI), base officielle mondiale de la mesure du temps, est fourni avec une précision de la micro-seconde. Le Bureau International de l'Heure (BIH) est chargé de la coordination des diverses définitions et déterminations.

Connaître l'heure exacte au milliardième de seconde est devenu absolument indispensable du point de vue scientifique et industriel. L'unité légale du temps est donnée par le battement de l'horloge atomique au cesium 133 (1 seconde = 9 162 631 770 périodes de la radiation électromagnétique). Sans prétendre à la qualité des horloges au cesium dont la dérive peut ne pas représenter une seconde en cent mille ans, le quartz constitue aussi une excellente base de temps ; pour les besoins de l'industrie horlogère, on lui donne la forme de lames. Les temps des épreuves sportives sont mesurés à la précision du millième de seconde. S'il y a un décalage entre l'heure des horloges étalons et le temps universel lié à la rotation de la Terre sur elle-même et mesuré par des observations astronomiques, on ajoute ou on retranche une à deux fois par an une seconde au temps atomique.

5. L'irréversibilité du temps

– Le monde vivant est apparu très tôt fondamentalement irréversible. Les êtres naissent, se développent, meurent. À partir du XIXe siècle l'évolutionnisme, surtout après Darwin, remplaça le fixisme de la création biblique. La faune et la flore qui nous entourent sont toujours en état de changement, toujours en train de s'adapter, d'évoluer et d'innover. La loi de l'irréversibilité est une des « lois de l'Évolution » formulées par L. Dollo[1] ; elle signifie que, lorsqu'un organe entre en régression, cette évolution est irréversible. De la naissance à la mort, l'organisme n'est jamais identique à lui-même. Les mêmes états ne se reproduisent jamais. Nous ne pouvons pas revenir en arrière. Le temps emporte tout sans retour. « On ne se baigne jamais deux fois dans les eaux du même fleuve » disait Héraclite au Ve siècle av. J.-C. Ce qui est vrai de l'individu l'est aussi de l'évolution des espèces. L'homme subit des transformations irréversibles. Le temps l'emporte dès qu'il est né comme il emporte tous les êtres.

Autour des êtres, au contraire, l'Univers paraît immobile, éternel, indifférent ! Thème angoissant qui a inspiré les poètes et les philosophes !

– La physique classique qui a vu le jour avec Galilée et Newton ne fait jouer au temps qu'un rôle mineur ; il en est de même exclu ; le futur et le passé ne

---

1. L. Dollo, *Les Lois de l'évolution,* Bull. Soc. Belge, Géologie, 7, 1893.

diffèrent pas dans un monde statique. Les lois de l'attraction et de la gravitation universelle de I. Newton ne retiennent dans l'Univers qu'un changement de place des planètes sur des orbites périodiques, c'est-à-dire un mouvement réversible. Les petits grains du système atomique ont été aussi d'abord décrits comme rassemblés selon le modèle planétaire. La totalité des phénomènes physiques fut donc expliquée par un principe unique selon lequel le temps n'est pas fait de la suite d'événements irréversibles, mais de séquences de moments identiques.

La physique moderne, au contraire, admet l'instabilité de l'Univers aussi bien dans le domaine de l'astrophysique que dans celui de la microphysique. Le cosmos n'est pas stable : l'Univers est en expansion. Les galaxies naissent, vivent, vieillissent et meurent. Les étoiles évoluent : il en est de très jeunes, en train de se former, d'autres arrivent à la fin de leur vie ; elles n'ont pas toutes la même durée de vie : certaines peuvent vivre des milliards d'années, d'autres épuisent leurs réserves d'énergie nucléaire en quelques millions d'années. J. C. Pecker[1] utilise la métaphore « embryologie » pour parler de la phase initiale de cette évolution. L'Univers se transforme continuellement et finira par mourir... dans des milliards de milliards d'années ! À l'échelle microscopique, les particules élémentaires sont instables ; les situations se situent loin d'un état d'équilibre. L'irréversibilité règne dans l'infiniment petit comme dans l'infiniment grand. Là où la science classique voyait harmonie et équilibre, on parle aujourd'hui d'instabilités et de mutations. Tout dans l'Univers a commencé d'exister et s'use de façon irréversible.

D'après I. Prigogine[2] (prix Nobel de Chimie, 1977), l'irréversibilité est liée à la complexité. La science fondamentale a toujours cherché à analyser des situations en petits morceaux sur lesquels le temps ne jouait pas alors qu'il joue sur les ensembles complexes. Pour se faire comprendre, il prend l'exemple de la cathédrale et des briques : lorsqu'on pense « en briques », elle résiste des milliers d'années ; si on pense « en cathédrale », elle tombe un jour en ruines et, avec les mêmes briques, on peut construire une autre cathédrale ou un palais. Le temps paraît lié à une complexité minimale ; si le système est très complexe, le temps commence à jouer un rôle. Cette théorie a été mise en évidence à la fois en chimie et en biologie. « La matière changeante est faite de grains indestructibles » avait dit Jean Perrin.

III - L'INFINI DES NOMBRES

Dépassée par les infinis de l'espace et du temps, notre imagination l'est aussi par l'infini des nombres.

Il a fallu à l'humanité des siècles pour isoler les opérations de l'arithmétique. Pour de nombreuses peuplades primitives, les notions de nombre sont encore rudimentaires et correspondent à une mimique. Au Moyen Âge, le calcul avec les doigts était encore répandu. À la Renaissance, on utilisa les bouliers constitués de petites boules qui glissent sur des fils tendus. On se servait aussi de petits cailloux ; le mot calcul vient du latin *calculus* (caillou). Longtemps avant Jésus-Christ, nous dit J. Hamburger[3], les Chinois utilisaient un échiquier : des jonchets de couleur représentaient les nombres, des jonchets noirs les nombres négatifs, qu'ils appelaient nombres trompeurs. On n'a vraiment su compter qu'après l'an mille avec l'adoption des chiffres et du zéro arabe.

---

1. J. C. Pecker, « L'Embryologie des étoiles », *Médecine praticienne*, n° 8, juin 1982.
2. I. Prigogine et I. Stengers, *La Nouvelle Alliance*, Gallimard, 1980.
3. J. Hamburger, *Un jour un homme*, Flammarion, 1981.

George Ifrah a rapporté dans un ouvrage[1] l'histoire des chiffres, invention la plus géniale de l'intelligence humaine jusqu'à notre époque en passant par les pyramides d'Égypte et les grottes de Lascaux. Événement comparable en importance à l'usage du feu, le zéro apparaît dans un bourg nommé Potaliko au royaume de Pana en Inde le 25 août 458. Jusque-là les hommes, pour garder en mémoire les quantités d'animaux, d'objets ou de congénères, faisaient des encoches sur des os ou sur des bois, ou sur les parois des grottes préhistoriques. L'impôt prélevé par les seigneurs ou les rois porta le nom de taille car les collecteurs marquaient sur une taille en bois ce que connaît le contribuable.

Les chiffres, loin d'être ces symboles secs et arides que bien des gens dénoncent comme les armes et les vecteurs de notre société technicienne, ont été aussi, de tout temps, à la fois supports de rêves, de fantasmes, de spéculation métaphysique, matériaux de la littérature et sondes de l'avenir incertain, ou du moins du désir de prédire. Les chiffres sont d'une substance poétique ; autant que les mots, ou presque, ils ont été les outils du poète en même temps qu'instruments du comptable et de l'homme de science.

Beaucoup de nos contemporains ont une certaine ignorance des nombres ; un véritable « anumérisme » atteint comme « l'analphabétisme » de nombreuses personnes qui sont mal à l'aise face aux très grands nombres comme face aux très petits nombres.

La notion de grand nombre est une acquisition récente. Actuellement encore, certaines peuplades d'Australie et d'Afrique, comme les Pygmées, ne vont pas au-delà de dizaine et de centaine. L'idée si simple pour nous qu'après tout nombre il y en a un plus grand, idée à laquelle se réduit la notion d'infini en mathématique, est relativement récente. Pythagore (VIe siècle av. J.-C.) pensait que l'Univers est mesurable et qu'à toute chose un nombre peut être associé. Archimède (287-212) a déclaré dans « L'Aremaire » que l'on peut arriver à nommer un nombre très grand surpassant le nombre de grains de sable qui pourraient emplir la Terre, et même l'Univers. Vingt siècles après, l'homme s'est familiarisé avec les très grands nombres et avec leurs inverses les plus petits, mais cela ne signifie pas que son cerveau soit capable de les concevoir. Là encore, nous sommes dans le domaine de l'imagination et du suprarationnel.

L'année-lumière, chemin parcouru par le rayon lumineux pendant un an à la vitesse de 300 000 kilomètres par seconde, soit 9 647 milliards de kilomètres, qui est à la fois unité de temps et unité de longueur, ne correspond dans notre esprit à aucune image concrète. Quand on lit que notre galaxie, la Voie lactée, en bordure de laquelle le soleil et son cortège planétaire se trouvent, est formée de plus de cent milliards d'étoiles, qu'elle a la forme d'un disque dont le diamètre est 300 000 ans de lumière et l'épaisseur 20 000 ans de lumière, et que au-delà les autres galaxies sont à des distances allant de plusieurs millions à plusieurs centaines de millions d'années-lumière... notre entendement est de beaucoup dépassé. Ces nombres infinitésimaux ne sont pour notre esprit que des mots ; nos efforts de compréhension sont vains car ils ne correspondent à aucune réalité comparable à celle fournie par l'expérience : ils « passent l'imagination ».

Des mondes nouveaux nous ont été ouverts par les changements d'échelle. Pour la température, par exemple, la plus haute était de l'ordre de trois mille degrés dans l'arc électrique et l'on évaluait celle du soleil à six mille degrés. Actuellement, on atteint des dizines de millions de degrés avec les explosions nucléaires. En changeant d'échelle, la connaissance franchit un seuil : en deçà et

---

1. G. Ifrah, *Histoire universelle des chiffres*, Laffont, 1994.

au-delà de ce seuil, les phénomènes apparaissent sous un jour complètement différent.

Pour approcher une représentation concrète des nombres gigantesques se rapportant à l'espace et au temps, nous nous servons quelquefois d'artifice : la réalité est remplacée par une figure qui la réduit à l'échelle humaine. En ce qui concerne tout d'abord la Voie lactée, supposons que chaque étoile soit représentée par un grain de sable, chacun mesurant en moyenne 4/10 de millimètre ; 100 milliards d'entre eux occuperaient 100 m³. En réalité, les étoiles ne sont pas collées les unes aux autres, tels les grains de sable. Pour représenter la Voie lactée, ou toute autre galaxie spirale, il faut respecter les distances entre les étoiles et, pour cela, placer chaque grain de sable à quelques kilomètres de son plus proche voisin : les 10 m³ de sable occuperaient alors un disque de 500 000 km de diamètre... qui s'étendrait au-delà de la Lune...

Pour représenter le système solaire, Paul Montel[1] a supposé que la Terre soit une bille de un centimètre de diamètre et le Soleil une boule de 1,10 m de diamètre. La bille terrestre serait à 117 mètres du centre du Soleil. La Lune serait un grain de moins de 3 mm de diamètre situé à 30 cm de la bille terrestre. Jupiter, la plus grosse des planètes, deviendrait une boule de 10 cm de diamètre gravitant à 600 m du Soleil ; Neptune serait une boule de 4 cm gravitant à 3 kilomètres et demi du Soleil et Pluton à 4,6 km environ. L'étoile la plus proche, petite étoile de la constellation du Centaure, serait à 28 000 km, plus de quatre fois la distance qui nous sépare de l'Amérique. Les autres étoiles à des distances qui sont jusqu'à mille fois ou un million de fois supérieure. Cette image montre bien l'isolement de notre système solaire dans l'Univers. Elle dépasse encore les possibilités de notre imagination et il nous faut prendre une échelle mille fois plus petite : si le Soleil a un millimètre de diamètre, une tête d'épingle, la Terre est une poussière invisible de 1/100 de millimètre située à 12 cm de lui ; le système solaire tient sur une grande table. L'étoile la plus proche serait à 28 km. Dans un rayon de 2 000 km, il n'y en aurait qu'une centaine ; les milliards d'autres étoiles se placeraient dans des espaces gigantesques représentant des millions de kilomètres. Pour la Voie lactée seulement, ce serait un disque de 150 000 km d'épaisseur, de 2 millions de km de diamètre. Et notre échelle est de 1 m pour 1 milliard de kilomètres !

On peut encore rendre présentables à notre esprit les nombres trop grands pour notre imagination en les ramenant à une échelle qui nous est familière. La distance de la Terre à la Lune est de 380 000 km : nombre qui, dans notre esprit, ne correspond à rien. Si nous l'apprécions comme le produit de 40 000 par 9,5 nous constatons qu'il représente neuf fois et demie le tour de la Terre ; si nous le regardons comme le produit de 380 par 1 000, nous voyons qu'il représente à peu près 350 fois le voyage de Nice à Paris, ce qui nous est plus facile à concevoir.

En ce qui concerne la chronologie de l'histoire de la Terre et de l'apparition de la vie et de l'Homme sur notre planète, il est classique pour mieux réaliser la succession des événements, de ramener le temps écoulé depuis la formation du système solaire, soit 4,6 milliards d'années, à l'échelle d'une année, ce qui donne le calendrier suivant : 1er janvier : formation de la Terre ; 26 mai : apparition de la vie ; 17 novembre : premiers Invertébrés ; 24 novembre : Vertébrés ; 1er décembre : Poissons ; 5 décembre : Reptiles ; 15 décembre : Mammifères ; 21 décembre : Oiseaux ; 23 décembre : Primates ; 30 décembre : Hominidés ; 31 décembre à 15 heures : Australopithèques ; à 20 heures : Pithécanthrope ; à 23

---

1. Paul Montel, *Le Nombre et la Civilisation*, Ass. Franç. pour l'avancement des sciences, novembre 1951.

heures : Homme de Néanderthal ; à 23 h 30 : Homme actuel. La dernière minute correspond aux 6 000 ans de notre Histoire.

Pour nous représenter la durée des périodes géologiques ou de la civilisation qui est environ de 100 000 ans, on peut considérer, comme le faisait B. Pascal, la suite des hommes comme un seul homme dont la vie continue à travers les âges et dont le savoir s'accroît. Supposons qu'il ait atteint 70 ans de nos jours, il a déjà 65 ans à la fin du paléolithique et 67 au début de l'âge du bronze. Il n'a inauguré l'ère des grands empires que depuis trois ans. Il a appris, il y a trois mois, que la Terre n'est pas au centre du monde. Il a vu, il y a trois semaines, les premières applications de la science à l'industrie. Depuis huit jours, il a commencé à connaître les dimensions de l'Univers...

La difficulté n'est pas moins grande pour les petits nombres. La particule élémentaire a été successivement la molécule, puis l'atome que l'on crut hâtivement indivisible, puis le noyau de l'atome entouré d'électrons (Rutherford, 1911), puis à l'intérieur du noyau : les protons et les neutrons (1932), puis à l'intérieur des protons et des neutrons : les sous-particules appelées quarks. Le diamètre de l'atome est de l'ordre de 10^{-8} cm, celui du proton d'environ 10^{-13} cm, celui du quark 10^{-20} cm. Le quark est la plus petite mesure actuellement connue. La chasse aux particules élémentaires de la constitution de la matière est-elle terminée ? Le quark est-il indivisible ? La plupart des observations portent à le croire ; la nature peut encore nous réserver des surprises.

La nécessité de morceler l'unité en unités de plus en plus petites : mètre en centimètres, en millimètres, s'est imposée ; avec le microscope optique, on est arrivé à des mesures du millionième de mètre : le micron et, avec le microscope électronique, au nanomètre : milliardième de mètre (10. 9) et au picomètre : dix milliardièmes de mètre (10. 10), ce qui dépasse de loin tout ce que nous pouvons apprécier. Il en est ainsi pas seulement pour les longueurs mais aussi pour les volumes, les poids, les vitesses, les énergies.

Quelques repères chronologiques permettent de constater la contraction du temps dans l'histoire. On a commencé à parler de dixième de seconde (10^{-1}) en 1600, de centième de seconde (10^{-2}) en 1800, de milli-seconde (10^{-3}) en 1850, de microseconde (millionième de seconde) (10^{-6}) en 1950, de nanoseconde (milliardième de seconde) (10^{-9}) en 1965, de picoseconde (millième de milliardième de seconde) (10^{-12}) en 1970, de fentoseconde (millionième de milliardième de seconde) (10^{-15}) en 1990, d'attoseconde (milliardième de milliardième de seconde) (10^{-18}) en 2020... Seules des machines complexes mesurent de telles divisions du temps qui échappent à notre entendement.

*

Notre imagination défaille devant les très grands et les très petits nombres qui dépassent notre entendement. Au-delà du milliard, nous sommes en état « d'anumérisme ». Afin d'avoir si ce n'est une conception précise du moins une échelle de grandeur, on ramène les grands nombres à des petits nombres en utilisant les exposants. Mille milliards est le billion (10^{12}), viennent ensuite le trillion (10^{18}), le quadrillion (10^{24}), le quintillion (10^{30}), le sextillion (10^{36})...

ÉPILOGUE

L'homme, éternel questionneur, ne se contente pas de l'observation et de l'étude des phénomènes ; il veut savoir de quelle réalité plus profonde ils sont révélateurs, savoir et comprendre ce qui est, et ce qu'il est. La supériorité de son cerveau par rapport à celui de l'animal vient de ce qu'il est source non seulement de pensée rationnelle mais aussi d'imagination grâce auxquelles il formule des hypothèses, découvre des mécanismes et réalise des œuvres. Sa rationalité toute-puissante et son imagination féconde ne sont pourtant pas capables de lui fournir des réponses précises et assurées aux questions angoissantes du pourquoi et du comment de l'Univers, de la Vie et de l'Homme... Croire au pouvoir de la Science d'atteindre un jour la Réalité est aussi insensé que de vouloir découvrir l'explication des mystères du monde dans les textes sacrés...

*

La raison n'appréhende la Réalité ni dans sa complexité, ni dans sa diversité. Le savant sait que ses observations et ses déductions sont pour une part subjectives car limitées par les capacités incomplètes et incertaines de ses sens et de son cerveau. Il sait aussi que son raisonnement se heurte à des frontières infranchissables. Il est toutefois persuadé que les principes et les causes ignorés à ce jour obéissent à la rationalité.

La pensée scientifique classique, nous rappelle Edgar Morin[1], s'est édifiée sur trois piliers que sont « l'ordre », la « séparabilité », la « logique inductive et déductive identifiée à une raison absolue ». Les assises de chacun de ces piliers sont aujourd'hui ébranlées : tout désordre était considéré comme le fruit de notre imagination provisoire ; or l'idée d'un ordre universel a été mise en cause en micro-physique, en cosmophysique, en physique du chaos... Les idées d'ordre et de désordre cessent de s'exclure. La notion de séparabilité correspond au principe cartésien selon lequel il faut pour étudier un phénomène ou résoudre un problème les décomposer en éléments simples ; or l'objet de nombreuses études est constitué par les interactions entre éléments et non par leur séparation. Le réductionnisme est critiqué : les fonctions du tout ne correspondent pas à celles des parties, celle du cerveau pas à celles des neurones. « La raison absolue repose sur les principes d'induction et de déduction ; nous ne pouvons pas nous en passer mais elle n'est pas l'instrument de la preuve et de la certitude ; l'imagination vient souvent à son aide.

La Science révèle un Univers de plus en plus complexe, à la fois compliqué dans l'instant et de surcroît évolutif dans le temps. Il n'est ni simple, ni répétitif. Un phénomène n'est pas définissable exactement et réellement par un nombre fini de mots et de signes, pas plus que ne le sont les mouvements de la mer à chaque point de sa masse ; les données causales sont innombrables. La Science entame chaque jour l'inconnu, mais il persistera toujours des incertitudes et un

---

1. E. Morin, *La Crise de la rationalité*, Ac. Sciences Morales et Politiques, 21 mai 1979 ; *Science avec conscience*, Fayard, 1982 ; *Vers un nouveau parodisme*, Sciences Humaines, n° 47, 1995.

inconnaissable sur les grandes questions de l'Univers et de la Vie : Origine et Devenir.

*

Ce qui est encore inconnu ne peut pas être irrationnel. L'association de la Science et de la Magie est absolument rédhibitoire en ce XXe siècle, alors qu'au XVIIe siècle, Johannes Kepler, qui avec Galilée découvrait les fondements de la science moderne, était à la fois astronome de génie et astrologue convaincu. Le vrai scientifique doit garder l'esprit ouvert ; il ne doit pas nier systématiquement les idées nouvelles. L'origine des météorites divisait les savants du XVIIIe siècle et du début du XIXe. Comment une pierre pouvait-elle tomber du ciel ? Lavoisier le niait : « Aucune pierre ne peut tomber du ciel parce qu'il n'y a pas de pierre dans le ciel » ! Les découvertes de Galilée, Newton, Darwin, celles de la circulation du sang, de la radioactivité, de la vaccination… ont été niées. À l'annonce d'une découverte, on constate souvent trois réactions successives : « Ce n'est pas vrai », puis « Ce n'est pas important » et enfin « Ce n'est pas lui »… ou « on le savait ».

Il ne faut pas refuser *a priori* ce qu'on n'explique pas en l'état actuel des connaissances ; on ne peut pourtant pas tout admettre sans esprit critique et surtout pas créer la confusion en mêlant des faits rationnels et démontrés, avec ceux qui, sortis de l'imagination, sont folles fantasmagories et délirantes élucubrations. L'irrationnel est incompatible avec la rigueur scientifique.

*

Les hommes naissent égaux ; il est de bon ton de le déclarer. Égaux, il appartient à la société qu'ils le soient sur le plan de leurs droits et de leurs chances de réussite. En fait, ils ne le sont pas du point de vue morphologique pas plus que des points de vue biologique, psychique et affectif. Le départ dans la vie se fait dans l'inégalité. Certains sont beaux et forts, d'autres sont laids et difformes. Certains sont plus ouverts aux sciences, d'autres à la musique ou aux arts, d'autres aux langues ou à l'éloquence, d'autres aux travaux manuels. Certains ont un esprit rationnel, d'autres vivent dans l'imaginaire.

Le regard de chacun d'entre nous diffère. Le même spectacle, le même objet contemplés par un peintre, un naturaliste, un physicien, un poète, un médecin, un prêtre, sont enregistrés, analysés, décrits, racontés de façon différente.

Quelques-uns, heureusement les plus rares, paraissent ne faire intervenir dans leurs pensées et leur comportement ni la raison, ni l'imagination ; ils ne se posent pas de question sur leur origine, sur leur raison d'être, sur leur devenir ; ils naissent, ils vivent au jour le jour, ils se nourrissent, ils s'accouplent, ils ont des joies animales, ils meurent. Tels sont probablement les primitifs, mais aussi nombre de nos contemporains.

D'autres sont dominés par une imagination débordante que ne tempère aucune pensée rationnelle. Ils croient aux forces surnaturelles, cherchent le secours dans les pratiques irrationnelles. L'ère de l'énergie atomique, de la navigation cosmique, des ordinateurs de plus en plus perfectionnés, est aussi celle des horoscopes et des guérisseurs. Beaucoup d'esprits sont des proies faciles pour les illusionnistes et les mystificateurs.

D'autres ont des pensées et des actions inspirées et réglées par la seule rationalité. Pour eux, rien n'est mystérieux, ni divin. La science découvrira un jour le comment et le pourquoi de l'origine du Monde et de l'Homme qui n'est qu'un simple chaînon de l'évolution animale né par hasard et sans avenir spirituel.

Viennent enfin ceux qui, armés « d'esprit de finesse et d'esprit de géométrie », comme disait Blaise Pascal, mettent en œuvre toutes leurs facultés, du plus strict raisonnement à l'aléatoire mais féconde imagination pour aborder les mystères de l'Univers et de la Vie et pour régler leur façon de penser et de vivre.

*

Notre raison doit limiter ses exigences à la connaissance des faits et aux données phénoménales du monde sensible, c'est-à-dire qui ont pour base les témoignages de nos sens. Notre vue est partielle et inachevée. Nous n'atteignons pas le fond des choses. Les théories actuelles sur l'astronomie, la physique, la chimie, la biologie... sont des constructions de notre esprit ; elles peuvent être effacées par d'autres. Des concepts nous échappent ; nous tombons dans l'illusion lorsque nous prétendons enfermer dans le rationnel les idées de l'immortalité de l'âme, de l'existence de Dieu, de l'infini, de l'éternel... ou les simples concepts d'esthétique et d'éthique que ne régissent pas des lois. « Notre cerveau étroit est fait pour le monde de tous les jours à notre dimension[1] ».

L'imagination est appelée à l'aide lorsque nous tentons de prophétiser l'avenir. Elle est aléatoire. En 1938, un questionnaire sur ce que serait la société de 1958 fut présenté à un groupe de savants... Dans les réponses, il ne fut évoqué ni la télévision, ni le transistor, ni l'ordinateur, ni le laser, ni le nucléaire, ni l'avion à réaction, ni les découvertes médicales antibiotiques... Combien de savants prophètes se sont ainsi ridiculisés. Les capacités d'imagination et de clairvoyance ne sont pas données à tous et les circonstances sont plus ou moins favorables. Léonard de Vinci, Jules Verne furent d'exceptionnels génies.

Dans l'infiniment grand et dans l'infiniment petit, nous rencontrerons toujours des frontières infranchissables et inimaginables à notre échelle. Notre savoir de plus en plus lourd de connaissances n'est rien par rapport à tout ce que nous ignorons. Notre pouvoir accru dans les dernières décennies est des plus relatifs. Les victoires sur les maladies qui pour nous, êtres chétifs, méritent d'être magnifiées, ne sont que retard de la mort. La victoire sur l'attraction terrestre qui pour nous, êtres rampants, est bouleversante n'est que saut de puce à l'égard de l'infini du temps et de l'espace. Même si un jour l'Homme parcourt le Cosmos sur des vaisseaux spatiaux, il ne sortira jamais de l'immensité du système solaire. Même s'il augmente considérablement le pouvoir de ses sens et de son cerveau grâce à des appareils amplificateurs, ses représentations mentales se heurteront toujours à l'incertain, à l'inaccessible, à l'inconnaissable. Tout ce à quoi nous attribuons de l'importance n'en a que pour nous et pour le moment échu... Une vie humaine même très longue est un instant entre deux éternités ; elle est éphémère par rapport à l'histoire de l'Homme, qui n'est elle-même qu'un point et un moment dans l'Univers infini.

Que cet inconnaissable n'entame pas notre curiosité, notre raison, notre passion, notre imagination. Devant le fantastique spectacle de l'Univers, devant le mystère de la Vie, nous sommes à la fois animés par le désir de savoir et de découvrir, et par des pensées lyriques et métaphysiques tout domaine où l'imagination est reine. Elle n'est pas seulement utile à l'écrivain, au peintre, à l'ingénieur, au chercheur, mais à tout homme. Elle permet de progresser, de trouver des solutions nouvelles. Mais elle doit toujours être soumise à la raison sinon elle peut égarer et conduire à la fantaisie, à l'utopie, à l'irrationnel.

---

1. J. Hamburger, *La Raison et la Passion*, Seuil, 1984.

DU MÊME AUTEUR

OUVRAGES SCIENTIFIQUES

1944 - *Le Sympathique des membres* (Maloine).
1945 - *Le Nerf terminal... premier nerf crânien ? Chez les mammifères et chez l'Homme* (Douladoure).
1949 - *Le Système neurovasculaire : Description-Exploration.* Préface de R. Leriche (Masson).
1952 - *Les Hémorragies intracrâniennes traumatiques spontanées* (Masson).
1956 - *L'Hémorragie cérébrale vue par le neurochirurgien* (Masson).
1956 - *Neuroanatomie. Ensemble des recherches 1946 - 1956*, (Le Viguier).
1961 - *La Vascularisation et la Circulation cérébrales*, 320 pages, (Masson).
1962 - *La Pathologie vasculaire de la moelle*, avec R. Garcin et K. J. Zülch, 124 pages (Masson).
1963 - *L'Œdème cérébral*, avec L. Campan (Masson).
1973 - *La Vascularisation et la Circulation de la moelle épinière*, avec A. Gouazé et R. Djindjian, 86 pages, 211 figures (Masson). Traduit en espagnol et en russe.
1975 et 1978 - *La Vascularisation et la Circulation de l'encéphale*, deux volumes, avec A. Gouazé et G. Salamon. Tome I : *Anatomie descriptive et fonctionnelle*, 321 pages, 383 figures. Tome 11 : *Physiologie, Exploration, Angiographie*, 204 pages, 179 figures (Masson).

TRAITÉS DE NEUROANATOMIE

1981 - *Le Système nerveux périphérique. Description. Systématisation. Exploration* (3e édition), 509 pages, 304 figures (Masson). Traduit en espagnol.
1983 - *Le Système nerveux central. Description. Systématisation. Exploration,* (3e édition), 411 pages, 321 figures (Masson).

ESSAIS : LE CERVEAU - SCIENCES HUMAINES - PHILOSOPHIE

1982 - *Le Cerveau et l'Esprit. Complexité et Malléabilité*, 2e édition, 1984 (Flammarion). Traduit en espagnol et en grec.
1986 - *L'Ouvrage des sens... Fenêtres étroites sur le réel* (Flammarion). Traduit en bulgare.
1988 - *Le Cerveau et l'Ordinateur. Étude comparée des structures et des performances*, 164 pages (Privat).
1991 - *Croyance et Raison. De la Recherche scientifique à l'interrogation spirituelle*, 216 pages, Bayard Presse (Le Centurion). Traduit en espagnol et en portugais (2e édition, 1997).
1992 - *L'Homme. La Médecine. Le Médecin.* Culture générale (Masson).
1996 - *Les Hallucinations. Les Hallucinés célèbres* (Masson), Prix La Bruyère, Académie française, 1997.
1997 - *Sciences humaines et sociales. L'Homme. La Société et la Médecine.* 5e édition, 1998 (Masson).
1999 - *Genèse, organisation et devenir du cerveau* (à paraître 1999).
1999 - *Carnets d'un médecin Universitaire (1928 -...)*, (en voie d'achèvement).

Achevé d'imprimer en janvier 1999
dans les ateliers de Normandie Roto Impression s.a.
61250 Lonrai
N° d'imprimeur : 990050
Dépôt légal : janvier 1999

Imprimé en France